聖書教養
エッセー5

そうか、なるほどV
《黙示録編》

中島總一郎 著

まえがき

これまでに「聖書教養エッセー」として、「福音書・パウロ書簡前半編」(Ⅰ)、「旧約・パウロ書簡後半編」(Ⅱ)、「ヘブル書・ヤコブ書編」(Ⅲ)、「ペテロ・ヨハネ・ユダ書簡編」(Ⅳ) にまとめてきました。本シリーズもいよいよ第五巻目の黙示録編 (Ⅴ) にかかることになりました。

聖書解釈を肩のこらない、くつろいだ気分で表現し、かつ聖書の醍醐味を味わってみたいと始めた本シリーズも、いよいよ新約聖書の最終書にとりかかることになったわけです。記述内容は正統信仰を保ちつつも、論文調にはならず、会話を交じえるような、できるだけ日常的な表現にして、エッセー風にまとめてみる、というのも文章化する楽しみの一つでした。

本書の紹介ですが、主要部分となる第一部は、黙示録の楽しみを、神の国が出現してくることへ向かって、叙述してみました。第二部は既刊エッセーで書き漏れた事柄を、新約聖書各書の補遺編として追記しました。

黙示録は、七つの災害や千年王国、ハルマゲドンの戦いなど、日常信仰とはかけ離れた事柄が多く書かれており、読んでいても何を言っているのかよく分からない、というのが一般的な感想でしょう。クリスチャンの中でも、どちらかと言うと敬遠されがちな書であって、教会礼拝メッセージでも取り上げられることが少ない、というのが実情のところでしょう。しかし、黙示録全体を眺め、特に新天新地である神の国が出現するところまでを、要点を絞って読み進め、理解すると、それほど難しいものではないことが分かります。また、神の御国がどんな所なのだろうか、この天国に自分も住むことが許されるかもしれない、と期待しながら読み進めると、ワクワクしてきて黙示録を読み進めるのが楽しくなります。

パウロはピリピ書で、「わたしは貧に処する道を知っており、富におる道も知っている。わたしは、飽くことにも飢えることにも、富むことにも乏しいことにも、ありとあらゆる境遇に処する秘けつを心得ている」（ピリピ四12）と宣言しました。「わたしは、どんな境遇にあっても、足ることを学んだ」（同四11）と言うそのパウロが、切に追い求めてきたことは、富でも飽くことでも位階でもなく、「なんとかして死人のうちからの復活に達したい」（同三11）ことでした。永遠の命をいただいて、天の御国に住んで、主と顔と顔とを相見《あいまみ》えて交わることでした。

この地上で私たちが得る富財や地位などというものは、御国に住んで与えられる幸いと比べるならば、それはそれは取るに足りない価値の低いものであって、生涯の全精力を傾注して追い求めるほどのものではありません。一生という限られた時間の中で、自分で自由にできる己の力を、つまらぬものに浪費してしまうということは、いかにももったいないことです。人生で求めるべきものとして、はるかに高価で高貴なものがあります。それは、自分が人間である以上、堕ちたところから本来の人間としての尊厳と品格を取り戻し、その結果として永遠の御国に住むようになることです。このために黙示録は私たちに導きと助けを与え、励ましてくれます。そのためにも黙示録は是非読み進めるべき書です。

本書に用いた聖書は、私が長年使い慣れて覚えている、日本聖書協会発行の口語訳（無記表示）を中心としました。その他の新改訳や聖書協会共同訳、リビングバイブルなども用いましたが、その場合には、引用した御言葉の後に表記しておきました。

目次

第一部

ヨハネの黙示録から教えられること

わたしはまた、新しい天と新しい地とを見た。……御座から大きな声が叫ぶのを聞いた。「見よ。神の幕屋が人と共にあり、神が人と共に住み、人は神の民となり、神自ら人と共にいまして、人の目から涙を全くぬぐいとって下さる。もはや、死もなく、悲しみも、叫びも、痛みもない。先のものがすでに過ぎ去ったからである。」（ヨハネの黙示録一1〜4）

第一章　黙示録序言

「イエス・キリストの黙示。この黙示は、神が、すぐにも起こるべきことをその僕たちに示すためキリストに与え、そして、キリストが御使をつかわして、僕ヨハネに伝えられたものである。ヨハネは、神の言とイエス・キリストのあかしと、すなわち、自分が見たすべてのことをあかしした。」（ヨハネの黙示録一1～2）

黙示録の紹介

旧・新約両聖書の中で、死とか神の国について、具体的に多く書いている書はどれであるか、ご存じのことと思う。そう、黙示録である。死については、

①この世から死んでいった人は、どのように取り扱われ、復活するのか、

とか、

②神に最後まで反逆した人は、どんな永劫の刑罰が待っているのか、

などが書かれており、神の国については、

①どのように新天新地が来て、

②そこでは、神と人々によってどんな活動がなされ、

③永遠の命を受けた人々は、どのような生活を続けるのか、

などが書かれている。これらのことが黙示録には明確に記されており、他の書においてはトピックス的に、断片的に取り上げられて書かれているだけである。

黙示とは、ギリシヤ語でアポカリュプシスで、「覆いを取り払う」「隠されているものを明らかにする」という意味があり、啓示とか開示と言われる。世々にわたって隠されてい

た神の霊的真理である奥義や秘義が、覆いが取り払われて、聖霊の力によって人々に明らかにされることである。黙示は、私たち人間が人の知識や知恵では発見できないものを知らせてくれる（例　黙示録一20）。

黙示録とは、どんな書物なのだろうか。著者は、エペソに移り住んで宣教していた、十二使徒のひとりのヨハネである。彼は第十一代のローマ皇帝ドミティアヌスの時代（紀元八一年～九六年）に、皇帝を主《キュリオス》として崇めないキリスト教の指導者であるゆえに、迫害を受け（同一三15参照）、パトモス島に流刑された（同一9）。それは、「神の言《ことば》とイエスのあかしとのゆえ」（同節）であると、彼は証詞している。その幽閉時に啓示された事柄を、その島で、あるいはパトモス島からの解放後に書き留めた書が、黙示録である。

ヨハネが黙示録に書いた内容は、その一章19節に述べられている。彼は、キリストが遣わす御使い（同一1）から、次のように告げられた、「そこで、①あなたの見たこと（過去）、②現在のこと、③今後起ころうとすること（未来）を、書きとめなさい」（同一19）と。

この三つの①②③のそれぞれは、①は主イエスに関する幻であって、一章に書かれている。②は、今（当時と現代）の教会時代における全教会の状況と警告であって、二章と三章に記されている。③は、黙示録の主要部分であって、今後起ころうとする事柄である。

四章以下に、戦争や飢餓などの前兆事象と、義人の空中携挙、そして大患難による審判が書かれている。二〇章以下には、千年王国や最後の審判と、その後の新天新地到来とその生活が記されている。

これらのすべては、「イエス・キリスト（から）の黙示」（同一1）であって、その「伝えられたことを僕ヨハネが記した」（同一1参照）ものである。半世紀以上も前に、主イエス・キリストと共に生活をし、叱られ、教えられたヨハネにとって、師であった主イエスを幻のうちに見、聞き覚えのあるあの懐かしい声で、今もう一度身近に耳にすることは、うきうきするような心弾《はず》むことであり、真剣になって聴いたことであろう。

キリストは、この黙示によって、当時迫害下にあった教会の信徒を励まし、キリストの再臨後に、神の国が勝利を得て新天新地が実現する、これらのことを啓示された。

ヨハネはこの黙示録を、当時発展しつつある地中海沿岸の諸教会に回状するように指示し（同一11）、礼拝で朗読するように要請した（同一3）。

私たちも、常に「時が近づいてる」（同一3）ことに留意し、黙示録に預言されていることを信じ待望して、幸いを得る者になっていきたい（同一3）。

黙示録の著者と特徴

黙示録全体を眺めてみると、二十二章あるうちの七割以上の四章から一九章までの十六章にわたって、神の審判である大患難の状況が、七つの封印、七つのラッパ、七つの鉢での災害として、繰り返し書かれている。しかし、これが黙示録の主要事項ではない。だから、何のことだかよく分からないと困惑する必要はなく、あまり細部にわたって捕らわれずに、イメージ的に捉えて気軽に読んだほうが、黙示録の真意を捉えることができる。

黙示録全体では、歴史上のある特定の期間だけを述べているのではない。イエス・キリストの初臨から再臨、そして現在を含めた七つの教会と、世の終わりの神の国到来による新時代までの全期間について陳述されている。

著者ヨハネ（黙示録一1）がどのヨハネか詮索することに労を用いることよりも、真の著者は誰か、と問うたほうが有益である。十二弟子の一人であり、ゼベダイの子ヨハネである、というのが、二世紀の初代教父たちからの伝統的な通説である。そのヨハネは次のように言っている。「この黙示は、神が、すぐにも起るべきことをその僕たちに示すためキリストに与え、そして、キリストが、御使をつかわして、僕ヨハネに伝えられたものである」（黙示録一1）。ヨハネがこのように述べるように、黙示録の真の著者は天の父である。その内容は、神の大計画のうちの特に終末部分を、神が人々に示そうとされたものである。人間ヨハネの想像によるものではない。

神が天地創造から始めて、その創造の目的の成就である神の国を確立する、そのような大計画である「救いの経綸」の最終部分を、開示したものが、この黙示録である。

次に、黙示録の緒論部をここで確認するに当たり、その特徴としての黙示文学と預言文学の違いについて確認しておこう。

預言と黙示は、神のご意志が示されるという点では似ている。ヨハネもこの黙示録を、神のご意志である預言であると表記している（例　一3、一九10、二二7、10、18、19）。だが、預言文学と黙示文学の内容を比べると、そこにはいくつかの違いがあり、異なる特徴があることを見いだす。

まずは、開示の目的が異なる。預言は、人間が神の御心に反した行動をとっているので、神の怒りを強調し、悔い改めることを警告し、要求する。これに対し、黙示は、迫ってきている危難から解放されるんだ、ということを伝え、終末に救済があることを示して、迫害の中にあって困窮している信徒を励まし、耐えて乗り切るようにと勧告し奨励する。

次に、啓示する対象の時点が異なる。預言は、現世の生活に視点を置いているが、黙示は、未来の来世の状態に視点を置いて語る。

三番目の相違点は、見聞きする内容が異なる。預言は、神の御心がどのようなものであるのかの、神の言《ことば》を聞くことに重点が置かれている。黙示は、神が将来にどのようなことを起こそうとしておられるのか、神が示すその幻を見ることに重きが置かれる。

以上のように、神の御心はどこにあるのかとか、黙示文学の特徴などを意識しながら黙示録を読み進めると、より興味を持って味わい深く、黙示録に接していくことができる。

黙示録の信仰的意義

黙示録が聖書に聖典として組み入れられた意義あるいは目的は、おもに三つあると考えられる。一つは、ヨハネが生きた一世紀後半の当時のキリスト教迫害下にあって、苦しむクリスチャンたちを励ますため、二つ目は、神の救いの大計画であるその最終状態が、神の国としてどんなものであるかを明示するため、三つ目は、現代の私たちを含め、その時代の、信仰を守り通すがゆえに困窮する人々に対し、希望を与えるためである。

天の父のキリスト者への御旨は、常に次の御言葉のとおりである。

「主は言われる、わたしがあなたがたに対していだいている計画はわたしが知っている。それは災を与えようというのではなく、平安を与えようとするものであり、あなたがたに将来を与え、希望を与えようとするものである」（エレミヤ二九11）。

神だけを主と仰ぎ、その他のいっさいの偶像を礼拝しようとしないキリスト者は、いつの時代のどの為政者の前にあっても、権威に伏しないとのことで、邪魔者あるいは反逆者として迫害されてきた。初代教会当時から、ローマ帝国の皇帝の何人かは、自分を神として崇拝することを人民に強要した。これを拒否するキリスト者は、激しい迫害に遭った。

この迫害は、第五代ローマ皇帝ネロ（紀元五四〜六八年）、第十一代ドミティアヌス帝（紀元八一〜九六年）、第十三代トラヤヌス帝（紀元九八〜一一七年）、第十四代ハドリアヌス帝（紀元一一七〜一三八年）と続いた。

迫害の状況としては、日々の生活では飢餓を覚悟せねばならなかったし、捕らえられたキリスト者は、暗く冷たい過酷な牢の中に投獄された。棄教を拒めば、ライオンなどの飢えた野獣が放たれた闘技場に放り込まれ、咬《か》み殺され、食いちぎられ、血の海を作って死んでいった。もっと惨《むご》いのは、観衆が興奮して喜び騒ぐというので、生きたままキリスト者は柱に高く縛り付けられ、タールを塗られ、火を点《つ》けられ、人間松明《たいまつ》にして焼き殺された。

当時のキリスト者は、このような暴虐に遭っても、決して棄教することなく信仰を守り通し、勝利のうちに天の御国へと帰っていった。このようなキリスト者への迫害は、洋の東西を問わず、どの時代にもあり、多かれ少なかれ現代でも、強要や迫害がある。

しかし、どんな患難に遭わされても、また生命を奪われるほどの危難があっても、彼らが信仰を守り通せたのは、神の国への希望があることであり、そこへ迎え入れられる喜びであった。これらのことを示し約束したのが黙示録である。現代にあっても、天の御国へ迎え入れられ、永遠の命が与えられるとの約束は変わらない。

世界に働く悪の力はいつまでも続くわけではない。やがて永遠の義と平安が支配する世界の完成の時が来る。これを仰ぎ望みたい。

分かりやすくするための黙示録の読み方

平叙文は一般的な思想や普遍的な事柄を記述する。詩文は心の感動を、哲学的思索文は疑問を、通達文は指示命令が主要となる散文である。ところが黙示録は、人から出たものではなく、神の計画の幻であって、詩文でも思索文でも疑問文でも命令文でもない。このことを了解した上で黙示録を読み進めると理解しやすい。すなわち、黙示事項が書かれた歴史的な背景や、その時代の状況を思い浮かべながら、神のご意志を読み取ろうとすると、記述内容が分かりやすい。

歴史的背景を抜きにして、黙示録に書かれている一つの言葉だけを抜き出してきて、それをそのまま現代に当てはめることは危険である。そうすることは、聞いた人々に有害な誤解を与えかねない。

黙示録を読む方法の基本は、イメージを捉えて読むということである。部屋に閉じこもって、御言葉を逐一研究することがごとくに、一字一句を学的に分析しながら読むと、黙示録の真意を摑めなくなる。

イメージ的に捉えて読むということは、私たちが絵を見たり、詩を鑑賞したり、音楽を味わう時に、その絵や詩や音楽の細部にこだわることをせずに、全体としてのイメージを捉え、想像力と洞察力を働かせて、そこから何をその作者が訴えようとしているのかを把握するのと同じである。

黙示録は、象徴的な言葉や数字を使って、ある事柄を表現しようとしている。象徴とは簡単な言葉や数字などで、ある事柄の全体を代用表現しようとする方法である。したがって、黙示録の象徴用語が何を表しているのかを知っておいて読むようにすると、分かりやすくなる。例えば「七」という数字は完全を表し、「剣」は御言葉を、「燭台」は教会を表している。「星」は御使いを、「青ざめた馬」は死や戦争や飢餓といった災難を、「女」や「花嫁」は信徒の集まりの教会を、「四つの獣」は邪悪な権力者を表している。

象徴的な言葉の意味を知り、イメージ的に捉えて読むとよい。そして、黙示録に記述されている内容を、絵画的に捉えて読むと分かりやすくなる。例えば次のとおりである。

神の右に座すイエス・キリストが、「そのかしらと髪の毛とは、雪のように白い羊毛に似て真白《まっしろ》であり、目は燃える炎のようであった」(黙示録一14)、「その右手に七つの星を持ち、口からは、鋭いもろ刃のつるぎが出ており、顔は、強く照り輝く太陽のようであった」(同一16)と表現されている。

この「髪の毛の純白」は、キリストの聖を表している。目は燃えるわけがなく、炎でもない。「燃える」は激しい情熱を、炎はきよめる精錬力を表している。「右手に七つの星を持ち」の「右」は権威を、「七つ」は十全を表し、「七つの星」は「七つの教会の御使である」（同一20）。「口から鋭いもろ刃のつるぎが突き出ていた」ら、キリストはどんな奇怪な顔をしていたのだろうかとなるが、「もろ刃のつるぎ」は、「精神と霊魂と、関節と骨髄とを切り離すまでに刺しとお（す）」（ヘブル四12）鋭い神の御言葉であり、キリストが神の言葉を発していることを述べている。「顔が太陽のように照り輝く」ことは、神が光であって、その光が顔いっぱいに満ちみちて、まばゆいほどに輝いていることを表している。

このように、黙示文を絵画的に捉えて、象徴用語の理解と共に読むと、分かりやすくなる。

神による歴史の進展

人が考え出した人類の終末と、神が私たちに示す終末とは、大きく異なる。私たちの現代にあっては、将来に人類が直面するだろう危機を推察して、ローマ宣言が発せられたし、最近でも地球温暖化による災害や、ＳＤＧｓ（持続可能な開発目標）などの議論が盛んに行われている。

人類の歴史上で、未来に起こる可能性のある危機は、次のような事柄が挙げられている。資源の使い切りによる枯渇、人類による抑制の効かない地球環境破壊による生活環境の不適合、ふとした誤解や思い違いによる核戦争の勃発と惨殺、その放射能による生存環境の破壊、人口爆発による食糧や水の奪い合いによる人類の自滅、などである。

これらの危機的な状況は、人間自らが引き起こすものであって、神によって起こされる終末的な事象ではない。それゆえに、これらの破壊的状況が人類に起こったとしても、その責任を神に負わせることはできない。

人類が自らもたらす破滅的終末は、絶望であり絶滅である。ところが、神が計画されている終末は、祝福であり恵みであって、禍《わざわ》いではない。全くの新創造であって、大いなる希望である。

キリスト抜きに唱えたどんな終末論も、人類の想像から出た幻想であって、そこにあるのは災禍だけである。しかし、神が人々に与えようとされている終末は、喜びに満ちた希望である。これまでのすべてのことを一新して、新天新地としての神の御国が来る歓喜である。

この栄光に満ちた新創造を人々が迎えることができるためには、ただその時を待っていれば来る、というものではない。その前に、新天新地に迎え入れられるために、今までの不信仰を悔い改める必要がある。罪赦されてきよめられることが求められる。だからそれを伝えるために、黙示録が書物になって人類に、神から送り届けられた。人々は神に立ち返って、神への信頼を篤くし、キリストの再臨と共に神の御国が来るように祈って、待望することが求められている。

人は、歴史が自分たちによって作られ、そこに文化文明の発展があると考えている。だが、人類の歴史には神がかかわっておられ、進められている。神の救いの経綸という大計画の中に入れられて、進展を続けている。この救いの経綸のスタートは天地創造であり、そのゴールは神の国の出現とその確立である。私たちは、天地創造の始点から始まって、現在があり、そして新天新地への一新という到達点に向かって、歴史は進められている。「わたしはアルパであり、オメガである。……初めであり、終りである」（黙示録二二13）と言われる方の御手の中にあって、私たちは発展を続けている。

歴史は人類によって作られていると思いがちであるが、実は、神のご支配と導きの中にあって、神によって作られている。人類の歴史は紆余曲折を辿りながら、不明瞭に進展しているように見えるが、実際は、一つの目標、一つの到達点に向かっている。歴史は、各時代を通じ、神の統治の中にあって、祝福に満ちた天の御国を目指して、着々と進展を続けている。

神を信頼し、事の起こりと成就を神に委ね、神の御国の実現を待望しつつ、信仰生活を歩んでいきたい。

待ち構えている幸い

このエッセーを書いているのは、一月下旬冬本番のたいへん寒い日である。歌謡によると津軽には七種の雪が降るとのこと。どんな雪かは、歌手の新沼謙治氏に聞くのがよい。黙示録には七つの「さいわい」があると言う。すなわち、

①「この預言の言葉を朗読する者と、これを聞いて、その中に書かれていることを守る者たちとは、さいわいである」（黙示録一3）。

②「書きしるせ、『今から後、主にあって死ぬ死人はさいわいである』」（同一四13）。

③「見よ、わたしは盗人のように来る。裸のままで歩かないように、また、裸の恥を見られないように、目をさまし着物を身に着けている者は、さいわいである。」（同一六15）。

④「書きしるせ。小羊の婚宴に招かれた者は、さいわいである」（同一九9）。

⑤「この第一の復活にあずかる者は、さいわいな者であり、また聖なる者である」（同二〇6）。

⑥「見よ、わたしは、すぐに来る。この書の預言の言葉を守る者は、さいわいであ

る」(同二二7)。

⑦「いのちの木にあずかる特権を与えられ、また門をとおって都にはいるために、自分の着物を洗う者たちは、さいわいである」(同二二14)。

①番目と⑥番目が似ているが、あとはそれぞれ異なる別の「さいわい」である。一章に出てくる①番目の「さいわい」について見てみよう。言っていることは、「ヨハネが啓示されて記した黙示録の文言を、教会の集会で大きな声で朗読して聞かせる者は幸いを受ける。そして、この黙示録で警告されたり勧告されている事柄を、固く守って実行する者は、主から大いなる祝福を受ける」、ということである。すなわち、これらは主から発せられた預言なので、それを守り従う者は、主から祝福を受ける。

このように信仰の篤い人はなぜ幸いなのであろうか。「時が近づいているからである」(同一3)と、その後すぐに、その理由が述べられている。その「時」とはどんな時であろうか。時間の流れの中で刻まれる時であるクロノスではない。特別なことが起こる機会を意味するカイロスの時である。そのカイロスの「時」が今まさに近づいているからだと言う。それでは、どんなカイロスなのか。キリスト再臨と神の国が出現完成する機会であるカイロスの「時」が近づいて、そこまで来ているからであると言う。

そのカイロスの「時」によって、どんな幸いが、カイロスを待望していた人々に与えられるのであろうか。それは、世が与えるような物質的な富裕や安心、あるいは愉快な喜びや快適といった、外的な幸いではない。主イエス・キリストも、「わたしの平安をあなたがたに与える。わたしが与えるのは、世が与えるようなものとは異なる」（ヨハネ一四27）と言われた。

カイロスが来た時に私たちに与えられる幸いは、豊かな内的なものである。神の聖と義と愛を追い求めてきたクリスチャンに、人生でこれ以上ない幸いであると感じられるような、魂に深く収まって、私たちの霊を高く広く満足させる、神が与えてくださる幸いである。

この幸いが天にはすでに用意されており、私たちの御国への到着が待たれている。そのカイロスの「時」は、今も着々と近づいてきており、神による幸いが、忍耐して待望する者たちに応えてあげようと、手を大きく広げて待ち構えている。

アルパ、オメガ、七つの教会

黙示録一章を読み解くのに、そこに書かれている二つの事柄、①アルパとオメガ、②七つの教会について知っておくとよい。この二つの事柄は、この後の二章以降にも出てくるし、最終章二二章にも出てくる。

黙示録には、記憶に残る言葉がある。「わたしはアルパであり、オメガである」（黙示録一8）。この言葉は耳に残るが、その意味がどういうことを言っているのか、どうもよく分からない。この表現によって何を言い表そうとしているのであろうか。同じく二一章6節には、「わたしは、アルパでありオメガである。初めであり終りである」とあり、二二章13節にも、「わたしはアルパであり、オメガである。最初の者であり、最後の者である。初めであり、終りである」とある。この「わたし」という方は、モーセにはもっと短い言葉で自己紹介された、「わたしは、有って有る者」（出エジプト三14）と。

アルパはギリシヤ文字のアルファベットの最初のαのことであり、オメガは同じく最後のωである。このαでありωであるということによって、神の永遠性を表している。そして無限の神の完全性を表示している。時間的に初めである永遠に存在し、終わりにも永遠に存在しているお方。空間的にも広大無辺の大宇宙のどこにも遍在しておられ、この宇宙に存在するものの全てを、御手に入れて治めておられるお方。全知全能をもって万物を統治しておられる神を言い表している。この方は、「初めであり、終りである」（黙示録一17）。そして、「世々限りなく（常に永遠に）生きて」（同一18）おられる。

次に、「エペソ、スミルナ、ペルガモ、テアテラ、サルデス、ヒラデルヒヤ、ラオデキヤにある七つの教会」（同一11）について見てみよう。ここに挙げられている七つの教会は、七つに限定されたことを言おうとしているのではない。完全数を表す七によって、十全としての全体を表現し、表記した教会名によって、全世界の教会を代表させている。したがって、当時盛えていたコロサイやヒエラポリス（コロサイ四13）の教会は含まれていないと取る必要はない。

この七つの教会は、「アジヤにある」（黙示録一4）と表記されているが、現在の中国や日本をも含むアジヤのことを言っているのではなく、当時のローマ帝国の属州名としてのアジヤであり、現在のトルコ西部エーゲ海側地域のことである。このアジヤでは、パウロがエペソを中心にして、二年半（使徒一九10、二〇31参照）の間宣教を続けた結果、「アジヤに住んでいる者は、ユダヤ人もギリシヤ人も皆、主の言《ことば》を聞い」（同一九10）て、各地に教会が誕生していった。ここに書かれている七つの教会は、そのアジヤ内にあって、パトモス島の対岸にあるエペソをスタートとして、ちょうど時計回り（右回り）に表記されている。これは、書き物にしたものを「送りなさい」（黙示録一11）と命じられた道順に沿って、記したものと考えられる。

御子の真の姿を知る

私たちは、「十字架の死に至るまで従順であられた」(ピリピ二8)と表記されている、主イエス・キリストの姿しか知らない。実際の神の御子としての具体的なお姿は、どんな威光をお持ちの方なのであろうか。それが黙示録一章13〜16節に、象徴をもって記されている。

その記述によれば、イエス・キリストは、世の光として燭台によって象徴される(黙示録一20)七つの教会の間(中心)に立ち(同一13)、輝く星で象徴される教会の使者(同一20)を右手に持ち、栄光に満ちた顔が太陽のように強く照り輝き(同一16)、髪も頭も純白で(同一14)、それによって無罪性と、老齢による威厳に満ちた豊かな知恵を示しており、金色に輝く帯を締め(同一13)、足は、敵を足台として踏む(ルカ二〇43)よく精錬されて磨き上げられた真鍮《しんちゅう》のように光り、目は、罪への怒りと決意の情熱に燃えていた(黙示録一14〜15)。声は力強い怒涛に似た激しい轟《とどろき》のようであり(同一15)、口には、心の奥深くに隠れていることまでも暴き出し、関節と骨髄をも突き刺し通して分離する(ヘブル四12)ほどの、神の言葉である剣が鋭く突き出ていた(黙示録一16)。

　これが御子キリストの、権威と権能に満ちた具体的な姿である。それは、地上におられた時の姿とは想像もつかないほどに異なっていて、神の栄光に満ちみちておられる。地上におられた御子キリストは、「神と等しくあることを固守すべき事とは思わず、(自らを低くし)おのれをむなしうし(卑しく)して僕のかたちをとり」(ピリピ二6〜7)、神のかたちを誇示して現そうとはされなかった。子どもや寡婦、病人、罪人《つみびと》扱いされた人々と共にいて、癒やし、愛し、教え、優しく接しられた。この黙示録の著者ヨハネでさえ、最後の晩餐時には、主イエスの胸に寄りかかっている(ヨハネ一三25)。

　このヨハネが、栄光と威厳に包まれたイエス・キリストの真の姿を、まともに見たのだから、驚愕と畏怖のあまり、その足もとに倒れ伏して死人のようになってしまった(黙示録一17)ことは、想像に難《かた》くない。パウロもダマスコ途上で、同じような経験をしている(使徒九3〜4参照)。

　そのような威光を持たれた御子キリストではあるが、優しさは地上にあったイエスのそれと変わりなく、愛に満ちていた。倒れ伏して動けなくなるほど恐怖に陥ったヨハネに対して、主キリストは、「恐れるな」と声を掛け、右手をヨハネの上に置かれた(黙示録一17)。それから、今後ヨハネがすべき使命を与えられた。すなわち、「あなたの見たこと、現在のこと、今後起ころうとすることを、書きとめなさい」（同一19）と、黙示録の記述を指示された。

救世主イエス・キリストは、地上に来られて十字架で救いを全うし、復活されて私たちに永遠の命を保証され、天に帰って、今も生きておられる（同一18）。この方は、永遠の歴史の初めにあり、終わりにもおられる（同一17）三位一体の第二位格の神である。

罪からきよめられた私たちは、このメシヤの働きと真の姿を確認しながら、共にいてくださる御子の導きと、御国への凱旋に希望を持ちつつ、力強くこの世を歩んでいきたい。

第二章　七つの教会への警鐘

「しかし、あなたに対して責むべきことがある。あなたは初めの愛から離れてしまった。」

「耳のある者は、御霊が諸教会に言うことを聞くがよい。勝利を得る者には、神のパラダイスにあるいのちの木の実を食べることをゆるそう。」（ヨハネの黙示録二4、7）

特徴的な勧告文

私たちの実生活において、人を指導するには、初めから頭ごなしに怒鳴りつけて、感情をあらわにして厳しく叱責するようなことをしては、効果がない。まず最初にすることは、その人の良い所や実績を誉め、認めてあげることである。それから諭すようにして、静かに「このような欠点や落度《おちど》はないか」と提示し、納得させることである。その後に、「こうしたほうが良いのではないか。こうすべきだ」と勧告する。このように指導すると教育効果が上がる。私も企業経営をしている時期には、できるだけこのようにして、人を育てることに努めた。

黙示録の二章と三章には、当時のアジヤにあった七つの教会を代表させて、それぞれに異なった内容の警告を与え、ヨハネを通し、主イエスが指導し、勧告しておられることが書かれている。

この七つの教会は、名を挙げられた特定の教会だけに発信された、と受け取るべきではない。この七つの教会は、七の完全数で全教会を含め、時空を超えて代表している。その戒告は、(a)所在場所や地域ごとに異なる問題をかかえている、それぞれの教会に宛てられている。もう一つは、(b)初代教会からキリスト再臨の終末を迎えるまでの各時代、例えばカトリック支配とか宗教改革、現代といった、それぞれの時代に特有な問題をかかえた、歴史上の教会群をも代表している。

七つの教会宛てのメッセージによる指導点は、どの教会も同じ事項ではない。また、叱責がなかったり称賛がなかったりと、抜けや順序の入れ違いがある。しかし、勧告の様式はほぼ統一されていて、だいたい次の順番で述べられている。すなわち、

①（評定者としての）キリスト紹介。この紹介には一章で述べられたキリストの象徴的な威光表現の一部が用いられている。しかし、それぞれの教会ごとにその表現は違っている。

②次に、（その教会のこれまでの実績による）称賛点、

③続いて（現在の非難されるべき）落度、

④（現在かかえている問題の）危険、

⑤（指導的）勧告事項、

⑥（不服従だった場合に被《こうむ》ることになる結果に関する）警告、

⑦（勧告に従い守った場合の）報い。

この七つの教会宛ての勧告や警告は、組織的教会だけに宛てられたと受け取ったのでは、真意が伝わらなくなる。それではキリスト教信仰者として、聖書からの神の恵みを受け損なうことになる。ここに書かれている警告は、私たちクリスチャン一人ひとりへの反省と諭し、および称賛と約束であると、教えられている。

エペソ教会への勧告

小アジヤの現在のエペソを訪れると、その近くの町セルチュクのアヤソルクの丘には、聖ヨハネ教会跡がある。展示してある復元模型を見ると、いくつもの丸ドーム状の屋根を持ち、説明板図によると、建物全体が十字架型に建てられていたことが分かる。現在はそれらの残った壁や門、列柱しか見られないが、たいへん大きな建造物であったことが窺える。アジヤの主要七教会の一つだったとのことである。

その歴史は、ステパノの殉教以後に、エルサレムを追放された十二使徒のヨハネが、イエスの母マリヤと移住してきて、エペソで伝道した。その前に、パウロがエペソを拠点として二年半にわたって宣教を続けた結果、小アジヤ西部の各都市に教会が誕生していった。パウロ死後に、ヨハネはこのエペソ傘下の全教会の指導者となった。ヨハネは、このエペソで、ヨハネ伝と、ヨハネによる手紙Ⅰ、Ⅱ、Ⅲ、およびヨハネの黙示録を書いている。

ヨハネ死後にその弟子たちは、ヨハネの墓の上に小さな礼拝堂を建て、五世紀になってテオドシウスⅡ世が、墓部分に十字架状の聖堂を建てた。そして六世紀になって、ユスチニアヌス帝が増築して大きくなった。

今でも、聖ヨハネの遺骨を納めた墓域に敷き詰められてある石板の四隅には、白大理石の高い石柱が四本立っている。また、ヨハネ教会洗礼池跡には窪地があって、誰でも入れるようになっている。

この当時のエペソ教会に対し、主イエスは、ヨハネの黙示を通して称賛と勧告を与えている。エペソ教会の称賛点としては、「あなたが、悪い者たちをゆるしておくことができず、……その実《じつ》、使徒でない者たちをためしてみて、にせ者であると見抜いた」(黙示録二2)と書かれている。この偽者《にせもの》についてであるが、当時のエペソには、ケリントスという人がいて、多くの人を騙し惑わせ、ケリントス主義という思想をはびこらせていた。このことはヨハネにとって悩みの種だった。

エペソ遺跡の大劇場前の大理石通り南端にケルスス図書館跡があり、ケリントスと名前が似ているので混同しやすいが、全然別の人セルシウスのことである。

ケリントス主義の異端としての特徴は、主イエスがキリスト(救世主)であることを否定し(Iヨハネ二22)、キリストが受肉して来られたことを否定し、神人二性のうちの人生を否定した(同四2、IIヨハネ7)。そして、キリストを受難不可能な、肉体を持たない霊的な存在とした(『新聖書注解　新約3』[いのちのことば社、一九七二年]三九〇頁、『ウエ

スレアン聖書注解　新約4』［新教出版社、一九八六年］三一六頁参照）。イエスのメシヤ性の否定はユダヤ人に喜ばれたし、イエスが霊であって人間であることの否定は、哲学的要素を持つ異邦人に受け入れられた。

エペソの教会の人々は、このケリントス主義の欺瞞を見抜き、攻撃してくる迫害にもよく耐え（黙示録二3）、このことを主キリストから称賛されている。

だが「あなたに対して責むべきことがある」（同二4）と咎められてもいる。それが何かというと、「初めの愛から離れてしまった」（同二4）ということである。

信仰の核心的いのちとまで言われる重要点は、自分が神から愛されているということを、固く持ち続けることである。この確信なくしては、どんな立派な業績を積んだとしても、またどんな高等な思想や堅固な信念を持ったとしても、神から受け入れられ喜ばれるということはない。自分が神から御子の命を懸けて愛されているとの固い認識から、神を愛することも隣り人を愛することも出てくる。神から自分は深く愛されているとの「初めの愛」（同二4）が薄れて離れていたのでは、今後の信仰も危うくなる。どのような行為、どのような労苦、どのような忍耐、豊富な知識があったとしても、主との関係の「初めの愛」から離れて、主が見えなくなっていたのでは、神の御前には何の価値もなさなくなってしまう。

初めの愛から離れてしまっていないか、この警告をエペソ教会のことだけと解するのではなく、自分自身のこととして省みたい。

叱責されていないスミルナの教会

現今のスミルナは、小高いパゴスの丘いっぱいに民家などが斜面に建ち並び、夜になると家々の燈火が、宝石でもちりばめられたかのようにキラキラ輝いて、いつまで眺めていても飽きないほどである。古代作家のアリステデスは、それを冠や首飾りになぞらえている。

スミルナは現在イズミールという市名になっているが、英雄叙事詩の『イーリアス』や『オデッセイア』を著したホメロスの出身地でもあり、エーゲ海に面した入江の奥に位置し、昔から栄えた海上貿易中心の商業都市であった。ローマ皇帝に神殿を建立して献上し、自治が認められていた。

そのように都市は栄えていても、そこに住むキリスト者は困窮を極めた。社会の生活集団からは除者《のけもの》にされ、物品や食糧も売ってもらえず、クリスチャン家庭をしばしば略奪して歩く異教暴徒に襲われ、極度の貧しさを強いられていた（IIコリント八2参照）。そして信仰を保持し続けるためには、餓死さえも覚悟せねばならないほどの苦境に落とし入れられていた。だから、黙示の主イエスからは、「わたしは、あなたがたの苦難や、貧しさを知っている」（黙示録二9）と認知され、慰められている。

さらには、御子の昇天後になってさえ、イエス・キリストを自分たちのメシヤとは認めずに、別のメシヤを待望し、律法と儀式を守って会堂に集まる「サタンの集会」（同二9）のユダヤ人からは、あることないことをののしられ、罵詈雑言《ばりぞうごん》を浴びせられ、口汚《くちきたな》く非難されていた（同二9参照）。

このサタンの会衆によって、紀元一五五年には、この都市スミルナの監督であったポリュカルポスは、ローマ総督に訴えられ、火あぶりの刑で殉教させられた。その際彼が死を直前にして、次のように証詞したことは、人々の記憶に残っている。すなわち、「八十六年間私はイエスに仕え、そして彼は私に何ひとつ間違ったことをなさらなかった。私を救った私の王を、どうして呪うことなどできようか」。

このような苦難の中にありながら、当時のクリスチャンたちは、なおも輪を掛けて、主キリストを信じるという理由で、投獄という災難がやってくると預言されている（同二10）。しかし、その苦難の期間は決して長くはない。十日という日数ではないが、ある限定された一定の短い期間である（同二10）という。だから、「あなたの受けようとする苦しみを恐れてはならない」（同二10）と励まされている。

そんな迫害が予測されるスミルナの信徒に対し、現在の私たちにも強く心に残る言葉でもって、奨励と希望が与えられた。「死に至るまで忠実であれ。そうすれば、いのちの冠を与えよう」（同二10）と。死とは殉教の死である。この先、殉教に至るほどまでの苦難が襲いかかってくるかもしれない。それでも信仰を堅くし、神に忠実であることを貫徹して、真剣に生きる者に対しては、神のいのち、永遠のいのち、天の御国のいのちである勝利の冠を与える、と預言されている。この与えられている預言は、この状況に合致して適切に表現された「死んだことはあるが生き返った者」（同二8）である主キリストからの約束である。

さらに、これほどの患難に遭っても信仰を棄てず、忠実に真摯に生きる者には、最後の審判で、永遠の極苦のゲヘナ（地獄）へ送り込まれるという「第二の死」（同二11）がなく、神と絶縁されて滅ぼされることもない、という報いが与えられる（同二11）。

キリスト者は、物質的にどんなに貧しくなっても、また困窮や迫害に追いやられても、神の愛と守りに包まれて、「しかし実際は、あなたは富んでいる」（同二9）という状態に置かれていることは、幸いである。

ペルガモ教会への戒告の深み

パウロが、幻の声によって、「マケドニアに渡ってきて、わたしたちを助けて下さい」（使徒一六9）と聞いて、福音が初めてヨーロッパへ伝わるきっかけとなった（同一六10～11）、そのトロアスが、小アジヤ西端にある。このトロアスから内陸へ南下して、それほど遠くない所に、黙示録の七つのうちの三つ目の教会ペルガモがある。

ペルガモの町に入って見られるものとして、二世紀のハドリアヌス帝時代にセラピス神の神殿として建造され、後にバシリカ風の聖堂として使われた教会跡や、現在のＷＨＯ（世界保健機関）の標章にもなっている蛇をシンボルとする、医術の神アスクレピオスにささげられたアスクレピオン神殿などがある。

このアスクレピオンの列柱広場の遠くの向こうには、アクロポリスの丘が見え、その斜面には、こちらに向かって石段の野外大劇場が開かれている。このアクロポリスの丘には、アレキサンドリア図書館に次ぐ、当時世界第二位の蔵書二十万巻を保持したペルガモ図書館や、ゼウス神の祭壇、ディオニソス神殿、皇帝礼拝のためのトラヤヌス神殿などがある。これらは、今も遺跡として見ることができる。

パウロは、蛇を医学の神アスクレピオスとして拝む人々の態度を、「彼らは自ら知者と称しながら、愚かになり、不朽の神の栄光を変えて……這うものの像に似せたのである」（ローマ一22〜23）と表現している。また、使徒ヨハネは黙示（啓示）を受けて、ペルガモのいくつもの神殿を念頭に、「わたしはあなたの住んでいる所を知っている。そこにはサタンの座がある」（黙示録二13）と警告している。

同じくヨハネは、ペルガモの教会に向けて、「鋭いもろ刃のつるぎ（神の言葉）を持っているかた（イエス・キリスト）が、次のように言われる」（同二12）と前言して、主から受けた黙示を、「悔い改めなさい。…勝利を得る者には、隠されているマナを与えよう。また、白い石を与えよう。この石の上には、これを受ける者のほかだれも知らない新しい名が書いてある」（同二16〜17）と伝えた。この「白い石」は、きよめられたことによるクリスチャンの純化された堅固な品性を表している。「これを受ける者」すなわちこの白い石を受ける者は、聖化されたクリスチャンである。この白い石には、聖化されたクリスチャン以外は、「知らない新しい名」が刻まれている。その刻まれた名は、きよめ主イエス・キリストの名である。この「新しい名」は、名がその人の人格を代表するがゆえに、神が勝利を得る者に与えてくださる新しい性質のことかもしれない。

私はこの「白い石」でピンと来たことを思い出す。それは、ペルガモのアクロポリスの丘にあるトラヌヤス帝の神殿には、回廊列柱と共に、純白の大理石を積み上げて造られた建造物がある。それらが、雲一つない紺碧の青空を背景に、周囲を圧して真白にキラキラ輝いて屹立して見える。この白さがイナージとして咄嗟《とっさ》にヨハネの頭に浮かんで、「白い石」との表現が出てきたのではないかと思った。

七つの教会宛てに発せられた勧告のうち、ペルガモ教会に向けられた当時の状況を思い浮かべながら、私は聖書の御言葉を味わうことができた。そして、この警告と勧告は、偶像に満ちた現代の私たちへのものでもあることを再認識させられた。

ペルガモ教会の外患・内憂

ヨハネが黙示によって示されたペルガモ教会への主イエスからの警告に注視すると、二つのことが気にかかる。バラムとニコライ派のことである。

バラムは旧約聖書に出てくる預言者で、出エジプトしてカナンへ向かう旅程上にあるイスラエルの民に、躓《つまず》きを与えた者である。その躓きとは、イスラエルの民に「偶像にささげたものを食べさせ」（黙示録二14）たこと、また「不品行をさせた」（同二14）ことである。

もう少し詳しく述べると、民数記二二～二四章によると、エジプトを出てモアブの平野に達したイスラエルの民（民数二二1）を恐れたモアブの王バラク（同二二4）は、ペトルの預言者バラムを招き（同二二5）、イスラエルを呪わせようとした（同二二6）。しかし、そうしようとするバラムを神が止められた（同二二9～14、15～20）ので、バラムはかえってイスラエルの民を祝福した（同二三11、25、二四10）。それでもバラムは、祝福はしたけれども悪にも加担し、モアブの娘たちを用いて偶像礼拝をさせるようにし、また、淫行という不品行を行うことに誘いこむことによって、イスラエルを弱体化させることができるという、この計略をバラク王に授けた。イスラエルの民はその計略にまんまとかかってしまった（このことは、民数記三一章15〜16節のモーセの言葉によって証言されている）。

「ニコライ宗の教」（黙示録二15）も、バラムの計略と同じように、偶像崇拝や性的不品行を奨めるものであった。このニコライ派の教えは、かなり巧妙でしつっこいものであり、エペソへも入り込み（同二6）、知らず知らずのうちに、人々の性情の弱点を突いて浸透し、人々の信仰を邪道に導いた。すなわちサタンは、「この世の神」となって、「神のかたちであるキリストの栄光の福音の輝きを、見えなく」（Ⅱコリント四4）する画策を施した。

ペルガモ教会員の中にも、このバラムに騙《だま》されて惑わされ、ニコライ宗を信奉する（黙示録二15）者がおり、このことを「あなたに対して責むべきことが、少しばかりある」（同二14）と指摘されている。

ペルガモの教会員たちは、皇帝礼拝用の神殿や医術神アスクレピオスの神殿などの多数の「サタンの座があり」（同二13）、「カエサルは主なり、万歳」と言えば生き延びられたし、言い伝えによれば、ペルガモの司教であったアンテパスが、忠実な証人として信仰を曲げなかったために、火あぶりによって殉教させられた時でも、ペルガモ教会員は堅く信仰を保って捨てなかった（同二13）。そんなペルガモのクリスチャンたちであっても、バラムやニコライ派には弱く、彼らを咎めもせず放置しておいたり、中にはその罪に自ら陥っていく者もあった。

だから、すぐにも「悔い改めなさい」（同二16）と警告されている。悔い改めてまっとうな信仰に立ち返らないようであれば、「鋭いもろ刃のつるぎを持っているかた（キリスト）」（同二12）が行って、教会員を裁き、征伐する（同二16）と言われる。

神の言葉である両刃《もろは》の剣は鋭く、二つの機能を有している。一方の刃は正義を助け貫き、もう片方の刃は悪を滅ぼし誤りを正す。これは真理が持つ力である。義は神から来るものであり、悪はサタンから来る。どちらが来ようとも、神の言葉の両刃の剣は、忠実なクリスチャンを守り、助け、聖なるキリストへと導く。

ペルガモの教会が、反面教師として私たちに教えることがある。すなわち、外部からの攻撃や迫害に強いだけであってはならない。教会の内部にあっても、教理的逸脱や軟弱には注意する必要がある。例えば、私が属するホーリネス教団の歴史を省みると、昭和のホーリネス弾圧には命を懸けて強固であったが、中田重治の「再臨が近い」とか「イスラエル民族回復と礼賛」には弱点を見せ、道を誤まらせたことがある。

記述は七節（同二12～17）の短いペルガモ教会への警告ではあるが、この警告からも私たちの信仰の導きを得ていきたい。

テアテラ教会への警告

黙示録が回状されるスタートとしてエペソ教会が初めにあり、七つの教会のその二番目がスミルナ教会、次にペルガモ、四番目の教会がテアテラであった（黙示録二18）。テアテラと言えば、パウロがピリピで受洗を施した「テアテラの紫布の商人ルデヤ婦人」（使徒一六14参照）のことを思い出す。

パウロがアジヤの西端にあるトロアスを出発して、初めて福音を携えてヨーロッパ大陸へ渡り、ネアポリスの港から間もなくの所にあるピリピへ到着した。そこで、いよいよ伝道しようと、祈り場と目される川のほとりに行き、集ってきた婦人たちに話をした（使徒一六13）。会堂を持たない離散のユダヤ人（ディアスポラ）の慣習の集会場所であったからである。

そこでパウロの話を聞いた、テアテラから来ていた富裕で神を敬う婦人ルデヤが、語られる福音を信じて、家族共々受洗を願ったので、パウロは川の清流で洗礼を授けた（同一六15）。そのことを頭に浮かべながら、聖地旅行者の一人として私はその場所に立った。ルデヤが洗礼を授けられたと言われるその小川の清流の水を手に汲《すく》ったり、岸の石段に座って、皆で野外礼拝を持ったりした。

そんな身近に感じるテアテラは、現在のトルコの小アジヤの西にあって、当時は昔から交通の便利な場所に位置していたので、毛織物、亜麻布、染色の織物工業、皮細工業、陶器製造業、青銅細工業などの商工業が盛んであった。この町には、各職種の同業組合もあったとのことである（『新聖書注解　新約3』［いのちのことば社、一九七二年］四六三頁）。ルデヤもその商工業者の中の一人であったであろう。紫布を身に着ける人々は領主や貴族、高官などであったので、ルデヤは堅実に商売をして豊かになり、雇人をも含めて、家長的存在になっていたのであろう。

黙示録の文面に戻って、テアテラの教会は、主から褒められる良いことを多く行っていた。愛に基づく人々への行い、信仰の勧めに従った生活、教会と人々への惜しみない奉仕、信仰ゆえに負わされる苦難を忍ぶ忍耐。これらのことは主によって知られ、認められていた（黙示録二19）。それだけではなく、信仰的成長も続けており、「あなたの後《のち》のわざが、初めのよりもまさっている」（同二19）と褒められている。

これほどの良好な信仰の日々の歩みであるにもかかわらず、まだ「あなたに対して責むべきことがある」（同二20）と、「神の子」（同二18）キリストから警告されている。どんな責むべきことがあるかと言うと、「イゼベルという女を、そのなすがままにさせている」（同二20）ことである。教会として厳しく戒規を執行することなく、なすがままにさせていることである。

イゼベルは前九世紀のエリヤの時代に、北イスラエルのアハブ王に異邦から嫁いできて、異教を持ち込み、王妃としての勢力に任せて、自分の偶像礼拝と呪術を蔓延させ、人々が拝み、姦淫の不品行をするように奨めた。テアテラには、このイゼベルに匹敵する自称女預言者がいて（同二20）、この惑わしに乗ってしまうテアテラ教会員もいた。彼らはそこから離れず、悔い改めることもなく（同二22）、主への心が純粋ではなくなっていた。

神が重きを置かれることは、褒められるほどの行いや働きの量ではない。主に向かう心が純粋であるかの、信仰の質である。

この偶像礼拝と不品行の惑わしは、「サタンの深み」（同二24参照）と言われるものであって、「これぐらいのことはいいだろう」と妥協して一度捕まると、次第に深みにはまり込むようになり、気が付いた時にはすでに遅く、もうそこから抜け出せなくなっている、というそのような悪の深みである。

こんなテアテラ教会員に対して、主は次の警告を与えられる、「彼女が誘う業《わざ》から離れなければ、あなたがたに大きな患難を与える。殺害してしまうこともする。あなたがた一人ひとりがする行いの内容に応じて、神のさばきとしての報いを与える」（同二22～23参照）と。

そして加えて、次のように勧告される。「わたしは別に、あなたがたに特別な重荷を負わせようとしているのではない」、「わたしの再臨がある時まで、最初に得た信心と主の御心にかなった業を持ち続けなさい」（同二24、25参照）。そうすれば、神の祝福をあなたがたに与える、と約束されている。

その約束の第一は、今はあなたがたは、為政者からひどい扱いを受けて苦しめられているが、その統治権をあなたがたに移し、王として「諸国民を支配する権威を授ける」（同二26。マタイ一九28参照）ことである。この権威の大きさは、陶器生産の盛んなテアテラの市民だから明確にイメージできるであろうが、土の器を粉々に砕いてしまう鉄の杖のようなものである（黙示録二27、詩篇二9参照）。天の父が御子のわたしに与えてくださった、全世界を治める権威と同様なものである（黙示録二27）。

もう一つの与える約束は、あなたがたが「明けの明星」（同二28）を抱くようになることである。「明けの明星」とは、同じ黙示録の二二章16節に明示されているとおり、「ダビデの若枝また子孫であり、輝く明けの明星」(同二二16)の、再臨の主イエス・キリストである。最後まで敬虔な信仰を守り通す者(同二26)には、再臨のキリストと、顔と顔を合わせて見会う(Iコリント一三12)特権と、キリストと尽きぬ交わりができる祝福とが与えられる(黙示録二28)。キリスト者の究極的な報いは、いつまでも愛と聖の主と共にいることである。

今の私たちの教会に、テアテラの教会に示されたような警告がなく、約束された祝福が来るようであるならば、こんな幸いはない。

内面充実を迫られるサルデス教会

私たちの周囲にも、人々の目には、キリスト者であるかのように見える人がいる。しかし、そのように見えるのは表面的だけであって、実際はその人の内側には霊的ないのちがない。このような人を指して、黙示録では「生きているというのは名だけで、実は死んでいる」（黙示録三1）と告発している。サルデス教会の人々がそうであった。サルデスは商業都市として繁栄しているが、退廃した気風が覆っていた。教会としてあるいは信徒として、全く堕落しているわけではないのだが、明らかに少しばかり堕落している。生き生きと生きる源であるいのちが欠如している。そんな信仰の持ち主は、「実は死んでいる」者であり、そこまでいかないまでも、すでに「死にかけている」（同三2）者である。

そのような状態が、サルデス教会が示しているとの他人事ではなく、私たち自分自身のことでなければよいのだが、と省みる。主は次のように言われる。「自分では『完全である』と思っているかもしれないが、わたしの目から見れば、完全からはほど遠い」（同三2参照）。

黙示録の文面を読むと、サルデス教会には、他教会にはあったような、為政者からの迫害とか異教徒による非難、罵《ののし》り、あるいは偶像礼拝への誘い込みやニコライ派への勧誘などの、危難患難はなかったようである。

サルデス教会に特別な患難がなく、安穏としていることは、サタンにとっては好都合なことであった。サタンとしては、気が弛《ゆる》んで怠慢になっている教会に、わざわざ危難を与えて目覚めさせる必要はない。下手《へた》に刺激を与えようものなら、信仰に目覚めて、熱心になってしまうかもしれない。まどろみの退廃の中にあるならば、何もしないで、目覚めさせないよう静かに放置しておくのが一番よい。そうすれば怠慢や廃頽が続くだけであって、サタンの自分としては、他の教会を衰微に追い込むほうに力が向けられる。何もせずにこのまま放っておけば、自ら滅亡に向かっていくだけであって、そのうちに信仰は跡形もなく消えてなくなってしまうであろう。そんなサタンの企《たくら》みによって、サルデス教会は、安穏の中に放置されていたのかもしれない。

このような状態のサルデス教会に対して、愛しているがゆえに、主は警告を与えられる。「目を覚ませ」（同三2参照）。そして、「死の一歩手前まで来ているぞ。まだ信仰的に全くは死んでおらずに残されている教会員を覚醒させなさい。そして、もう一度正常な状態に立ち上がれるように、力づけてあげなさい」（同三2参照）と、主は叱正される。

さらに続けて、「あなたの今までしてきた行いは、どう評価しても、神の前に正しい（完全）とは言えない」（同三2参照）。まだ信仰の息が少しでも残っているうちに、「最初に聞いた事、また、信じた事柄がどんなものであったかを思い出しなさい」、「思い出したら、まず悔い改め、そしてそれぞれを確実に守り行いなさい」、「もう一度、敬虔な心をわたしに向けなさい」（同三3参照）と勧告される。この勧告に従わなければ、「わたしが、盗人が思いがけない時に突然襲ってくるように来て、あなたを罰する」（同三3参照）と警告される。

サルデスの人々には、この警告に思い当たることがある。険しい崖上にあって安心しきっていたサルデスの町は、かつて夜中によじ登って攻めてきた敵兵から夜襲を受けて、陥落占領された経験が、前六世紀と前三世紀の二回ある（『ティンデル聖書注解　ヨハネの黙示録』［いのちのことば社、二〇〇四年］七六頁）。

ここに示すとおり、風前の灯のように信仰の弱ったサルデス教会であったが、まだ僅かばかりの希望が持てることが残っていた。それが、あなたがたの教会の内には、信仰を真摯に守って、「この世の汚れ（不道徳や霊的不真実）に染っていない少しばかりの人がいる」（同三4参照）ことである。この数人の信仰者たちは、聖潔という「白い衣を着て、わたしと共に歩みを続けるであろう」（同三4）。白い衣は、キリストの血によってきよめられ（Ⅰヨハネ一7）、「しみも、しわも、そのたぐいのものがいっさいなく、清く」（エペソ五27）純白である。

悔い改め、立ち返って、信仰を堅く保ち歩むようになった「勝利を得る者は、……（彼らと同じような）白い衣（きよめ）を着せられる」（同三5）。

このような白い衣を着るようになった信徒に対しては、次のような約束を与えると、主は言われる。すなわち、「御国の国籍簿である『いのちの書』から名を消すようなことはない」、そして、「最後の審判の時にも、天の父の前で『彼らはわたしが贖い、わたしに従ってきた、わたしのものである』と宣言して、天国行きの判決を下してくださるように執り成しをする」（同三5……）。悔い改めなかったり、福音を拒む者は、いのちの書から名が消されることになる。

私たちは、聖霊がこのように全世界の諸教会に向けて言われることに耳を傾け、よく拝聴しなければならない（同三6）。

アブラハムが「わたしは全能の神である。あなたはわたしの前に歩み、全き者であれ」

（創世一七1）と言われたように、私たちは神の御前に全き歩みを続けていくことが大切である。外面が美しく盛んであることも重要なことかもしれない。しかし、それよりももっと、内面が充実して神に喜ばれるような、実質の伴った生涯を送っていくことに、常日頃から心懸けたい。

弱小であっても良質なフィラデルフィア教会

黙示の陳述が宛てられた六つ目の教会は、口語訳聖書では「ヒラデルヒヤ」となっているが、新改訳第三版も同２０１７も聖書協会共同訳も「フィラデルフィア」になっており、聞き慣れた米国東海岸の都市名も同表記となっている。そこで、この後は、「フィラデルフィア」として記す。

フィラデルフィアは、前一五〇年頃に、ペルガモの王アッタロスⅡ世フィラデルフォスによって建設されたので、この市名が付けられたとのことである。交通の要所にあったことと、地味が肥えた土地でぶどうやぶどう酒の産地であったことで繁栄した（『新聖書注解　新約３』［いのちのことば社、一九七二年］、四六六頁）。

私たちは、「自分は人々から認められるようなことは何一つなく、僅かな権能も、褒められるようなことも持ち合わせていない弱い者である」と言って、心配することも気落ちする必要もない。なぜなら、神が重要視されることは、その人の能力でも業績でもなく、むしろ、正しい信仰を堅く保っているか、神への忠誠を純粋に持ち続けているか、ということだからである。それだから、次のように主は言われる。「あなたには少ししか力がなかったにもかかわらず、わたしの言葉を守り、わたしの名を（どんなことがあっても人前で）否まなかった。」だから、「わたしは、あなたの前に、（絶対的な権威によって）だれも閉じることのできない（天の御国の）門を開いておいた」（黙示録三8）。

現今の世にあっても、自分こそ「（神の民として認められた生粋の）ユダヤ人であると自称して（誇って）いる」者がいる。そして彼らは、「その実（質は神から受け入れられているような）ユダヤ人でなくて、偽る（ことを主張し、行わせようとする）者たち」（同三9）である。彼らは、「（人を騙《だま》し、悪徳を勧める）サタンの（主導する）会堂に属する者」（同三9）である、と言ってよい。

彼らは自分の考えていることのほうが正しく、それに従うようにと強く勧める。そんな彼らに対して、私たちの主は、私たちを守り導き、保護してくださる。そしてその助力の最後には、彼らが私たちのところへ来て、「あなたの言っていること、信じていること、行っていることのほうが正しい。頭を下げる。どうぞそのまま続けてくれ」と謝り、和解の手を差し延べてくるようにしてくださる。このことを聖書では、次のように表記している、「彼らがあなたの足もとにきて平伏するようにし、そして、わたしがあなたを愛していることを、彼らに知らせよう」（同三9）と。このことはイザヤ書六〇章14節にも預言されている。私もこのようになったことを、今までに二度経験している。

私たちには、幸いにも神からの栄光の表徴である冠がすでに与えられている。この冠は、神への忠実を守り通し、人々への愛の業を惜しみなくしたことへの、神からの報いである。この冠を私たちから奪い去ろうと、サタンは常に狙っている。だから主は私たちに、次のように注意を促される。「あなたの冠がだれにも奪われないように、(使命や信仰的確信など、各自特有の)自分の持っているものを堅く守っていなさい」(黙示録三11)。

患難や試練に耐えて勝利を得る者には、三つの名が記されるという。一つは神の御名、二つ目は新しいエルサレムの名、三つめはイエス・キリストの新しい名である(同三12)。一つ目の「神の御名」とは、その信徒が神に属し、神が所有する者であることを明示する表記である。二つ目の「新しいエルサレムの名」とは、「神のみもとから下ってくる」(同三12)神の都に住む権利があることを明示した、市民権の保証標記である。三つ目の「わたしの新しい名」とは、私たちにはまだ知られていない、キリストの栄光に富んだ性質を表す明示である。このような名がキリスト者に記されているということは、黙示録一四章1節、二二章4節にも書かれている。

規模としては小さく弱い教会(同三8)であったが、警告されるようなことがなく、また非難されることもなかったフィラデルフィア教会、そしてこの後の歴史上にあっては、この教会の信徒十一人が、スミルナの司教ポリュカルポスと共に殉教させられたという事実は、神がフィラデルフィア教会へ与えてくださった右記の約束が真実であった、ということを思い出させる。

なまぬるいラオデキヤ教会への教示

私は、神学校の聖書研修旅行で、エーゲ海に面したトルコ西岸のミレトスから、少し内陸のラオデキヤに行ったことがある。このラオデキヤは、西のエーゲ海と東のユーフラテス川を結ぶ大交通路の途上にあって、三つの交易路が重なり、商業が盛んで、銀行のある金融の中心地ともなり、物財的に富んでいた。羊毛織物、特に光沢のある黒い羊の毛で織った布地が有名であった。ゼウス神殿があり、皇帝礼拝の中心地でもあった。

到着したラオデキヤの小高い丘の上には、今でも当時繁栄した遺跡が残っていて、石段円形劇場や水道橋跡が見られる。このラオデキヤの町は、前三世紀にシリヤのアンティオコスII世が設立し、妻ラオディケにちなんで名付けられた。町のメインストリートとなる列柱通りの先にアゴラ（市場等の広場）があり、このアゴラに隣接してラオデキヤ教会があった。その石組み壁が今も少し残っている。

この教会が黙示録に指定された「七つの教会」（黙示録一11）の最後の七つ目のラオデキヤ教会に当たる。この町には、有名な医学校があって、目薬は当時の世界中に輸出されていたとのことである（『新聖書注解　新約3』［いのちのことば社、一九七二年］四六八頁）。

この教会は、パウロの同労者エパフラスによって開拓されたと推定できる（コロサイ一7、四12～13、16）が、豊かな財力による商業都市の中にあって、教会自体が物質主義に染まってしまい、霊的に無感覚、無関心の状態になっていた。

このようになっていたラオデキヤ教会に対し、小アジヤ西部全域にある諸教会の指導者であった使徒ヨハネは、聖霊を通して、次のように警告するように示され、黙示録の回状をもって勧告した。その文面には、厳しい譴責事項がなかった代わりに、また称賛されるような認定事項もなかった。すなわち、「わたしはあなたのわざを知っている。あなたは冷たくもなく、熱くもない（信仰的な徹底さがない）。むしろ、冷たいか熱いかであってほしい」（黙示録三15）。信仰がいいかげんでどっちつかずの「なまぬるい」のでは叱責を受ける（同三16）。「あなたは、自分は富んでいる、豊かになった、なんの不自由もないと言っているが、実は、あなた自身がみじめな者、あわれむべき者、貧しい者、目の見えない者、裸な者であることに気がついていない」（同三17）。

物質的豊かさと霊的豊かさは、必ずしも比例するものではない。むしろ、心の貧しさへと落とし込む危険がある。この警告にその後も従わなかったラオデキヤ教会は、残念ながら衰退の一途を辿《たど》った、とのことである。

この教会の実状は、ラオデキヤだけに限ったことではない。今日も「なまぬるい」（同三16）信仰を続けている教会やその信徒に対して、天の父は同じ警告と勧告を下される。現在も、交易や商業取引にうつつを抜かし、精神が物質主義に毒されて、真摯な信仰からはほど遠い生活を送っているクリスチャンに対しては、ラオデキヤ教会が辿った運命と同じ裁断が、下されることになる。

天の父は、「わたしの愛している者を、わたしはしかったり、懲らしめたりする。だから、熱心になって悔い改めなさい」（同三19）と警告される。そして、「（真に）富む者となるために、わたしから火で精錬された金を買い」なさい（同三18）と勧告される。この「精錬された金」とは、試練によって鍛えられ、不純物が全く取り除かれた高質な純金のような信仰のことである。

さらに続けて、「（きよめられた）白い衣を買い（身に着け）なさい。また、（真実と神からの啓示がはっきりと）見えるようになるため、目にぬる（良質の霊的な）目薬を買いなさい」（同三18）と勧められている。

主イエス・キリストは次のように言われて、（未信者ではなく）信仰者から締め出されてしまって外に立ちつくしつつ、私たちの心の戸を開けるようにと、今も叩いておられる。

「見よ、わたしは戸の外に立って、たたいている。だれでもわたしの声を聞いて戸をあけるなら、わたしはその中にはいって彼と（深い相互の交わりである）食を共にし、……わたしと共にわたしの（天の祝宴の）座につかせよう」（同三20〜21）。

主のこの声と心遣いには、私たちが富裕による自己満足によって、我が心から、あるいは教会から、主を締め出してはいないか、反省を迫られる。

ヨハネを通してのラオデキヤ教会への警告と勧告を、私たちは決して他人事とはせずに、真実な神と御霊からの戒告として、素直に誠実に受け入れるようにしていきたい。

第三章　大患難の襲来

「またわたしは、天に大いなる驚くべきほかのしるしを見た。七人の御使が、最後の七つの災害を携えていた。これらの災害で神の激しい怒りがその頂点に達するのである。」（ヨハネの黙示録一五1）

「第四の者が、その鉢を太陽に傾けた。すると、太陽は火で人々を焼くことを許された。人々は、激しい炎熱で焼かれたが、これらの災害を支配する神の御名を汚し、悔い改めて神に栄光を帰することをしなかった。」（同一六8〜9）

終末時の事象展開

終末の事象がどんなふうにして起きるのかは、分かりにくく不明瞭である、というのが本音のところであろう。

分かりにくい理由は、展開される各事象が、幻のようにイメージ的に描かれているからである。不明瞭である理由は、展開される事象が順序よく明記されているわけではなく、七つの封印、七つのラッパ、七つの鉢の災害のように、繰り返し語られており、同時並行的に理解しなければならないであろう箇所もあるからである。

もう一つ、終末事象の展開順序が不明瞭である理由は、終末の終わりの主の再臨がいつであるかが分からず、決められないからである。

主の再臨の時機については、主イエス・キリスト自身さえ知らないと言われ、「その日、その時は、だれも知らない。天の御使たちも、また子（イエス・キリスト）も知らない、ただ（天の）父だけが知っておられる」（マタイ二四36）、と答えておられる。また、御国の確立時期については、「時期や場合は、父がご自分の権威によって定めておられるのであって、あなたがたの知る限りではない」（使徒一7）と明言された。

したがって、御国出現が始まる前段階のキリスト再臨時期が不明確であるので、それまでの間にどんなことがどんな順序でいつ起こってくるのかについても、人間の側では確定することができない。

そうであるから、人が確信をもって行うべきことは、次の三つである。

①主イエス・キリストは再び確かに来られる。これを堅く信じておくこと。

②再臨がいつであるかは人には分からず、天の父が定めておられるので、人が勝手に推測したり安易に予断をしないこと。

③再臨を迎えるに当たって人がすべきことは、主イエスがいつ来られてもいいように、常に目を覚まし、信仰的備えを十分にして、心身共に準備を万全に整えておくことである。

以上の理由から、終末時に起こる出来事が、どのような順序であるかは、いろいろな説があって、これといって確定できるものがない。だからといって、起こる事象を不明瞭のままにしておいたのでは、混乱を招くだけで、黙示録を理解する上での妨げになる。そこで、こんな順序で起こるのではないかと、黙示録の記述順序と内容を、他書も合わせて追うことによって、ある程度の推定ができ、大きな間違いはないであろうとの概要を摑《つか》むことができる。そこでその概略を提示しておく。

散文エッセーで図解して説明することは少ないであろうが、左記のように図表にして、だいたいの順序を捉えておいたほうが理解を進めやすいであろう。そこで、ここに事象展開の順序概要を、細かい点は省いて、図示しておく。なお、この図は、千年期前再臨説を骨子としたものである。

終末時における神の勝利がどのように進められていくのか、その大要を知っておくことは、信仰を強固にしていく上で役に立つ。

終末時の事象展開概要

前兆事象　………………　戦争、飢餓、地震、偽預言者出現、全世界への福音宣教
↓
キリスト空中再臨　…　┌殉教者等の甦り（義人の復活）↓空中携挙↓小羊の婚宴
　　　　　　　　　　　　└生きている聖徒の栄化
↓
大患難　………………　┌七つの封印、七つのラッパ、七つの鉢の災害
　　　　　　　　　　　　│反キリストによる惑わし
　　　　　　　　　　　　│↓
　　　　　　　　　　　　└サタンの捕縛
↓

千年王国　……………
キリスト地上再臨、第一の復活
↓
キリストと共に忠実であった者による支配

↓

最後の戦い　………
サタン解放
↓
ゴグ、マゴグの招集と挑戦
↓
ハルマゲドンの戦いと敗北
↓
サタンと共にゲヘナへ投げ込み

↓

最後の審判　………
残りの者の復活（第二の復活）
↓
神とキリストによる審判（いのちの書と数々の書によるさばき）
↓
裁定↘神の国へ……永遠のいのち
　　↘ゲヘナへ……永遠の極苦（第二の死）

↓

新天新地　…………
新エルサレムの降下
↓
神の国の開始
↓
天国での生活継続

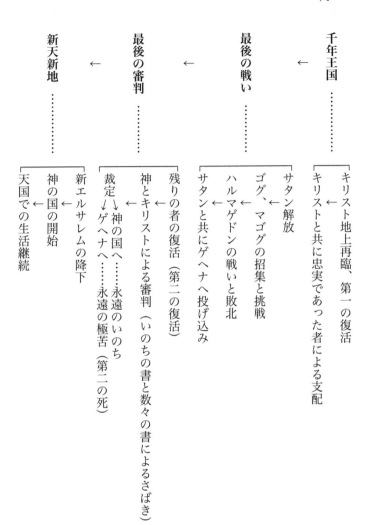

大患難前に御国開示

神は微笑《ほほえ》ましいことをなさる。悪への審きである大患難の前に、それに耐えられるように、クリスチャンに対して、その先にある神の国がどんな栄光に輝いたものであるかを見せて、希望を持たせ励ましてくださる。その御国の状況が黙示録の四章に記されている。天の御国がどんな状況かは、そこがあまりにもすばらしく、称賛する地上の言葉では言い表しきれない。そこで、宝石や関係するものの動作によって、イメージ的に表現している。神の御国で行われる中心的な事柄は、礼拝と賛美である。この中心事項以外の祝宴や人々の動行などの付随的な事項は、追って記述する。

ヨハネが見せられた黙示録四章の叙述をもって、御国で行われている礼拝と賛美の状態を紹介すると、次のとおりである。

御国は「水晶に似たガラスの海のよう」（黙示録四6）に、全面が透きとおって照り輝き、地上とは全く異なる別世界であった。その中心には御座があって、碧玉などの宝石によって表現できるような、美しくて高貴な方が座っておられた（同四2〜3）。神の周囲には、ノアの洪水の後に示した、人類との永遠の契約のしるし（創世九13〜15）である虹がかかっており（同四3）、御座からは神の栄光と威厳を表す「いなずまと、もろもろの声と、雷鳴」（同四5）が響きわたっていた。モーセがシナイ山頂で、石板に十戒を授かった時と同じ様相である。

その御座の前では、聖霊の全体である「神の七つの霊」（同四5）が、心を熱くして燃えていた。そして、その「御座のそば近くの周りには」、世界の聖徒を代表する「四つの生き物がいて」（同四6）、昼夜間断なく、次のように神を称賛して、「栄光とほまれと……感謝をささげて」（同四9）叫び続けていた（同四8）。すなわち、三位一体の神のそれぞれを「聖なるかな」と三度称え、全知全能にして宇宙のすべての主権者である「全能者にして主なる神」と発声していた。そして、過去から現在そして未来に至るまで、永劫に存在して統治しておられる方であることを認識して、「昔いまし、今いまし、やがてきたるべき者」と叫んでいた（同四8）。

この四つの生き物は、聖徒を代表するものであるだけあって、それぞれが特長ある姿をしていた。すなわち、一つは、勇気と力を象徴する「ししのようであり」、二つ目は、忍耐と献身的労力をもって、神に従順に働く能力を示す「雄牛のようであり」、「第三の生き物は」、知恵と慈愛の知性を代表する「人のような顔をしており」、第四は、空高くを高速で飛翔し、遠方から少しの動きでも見破る眼力を持って、鳥類の頂点に立つ「わしのようであった」（同四7）。この四種の生き物の象徴は、四福音書の記者にも当てられている。それを順番に記すと、マルコ、ルカ、マタイ、ヨハネである。

この四つの生き物は、それぞれがどこへでも迅速に行って御旨を行う「六つの翼」を持っていた。また、神の御旨から外れたことがあれば、それを見逃すことなくよく凝視できるように、全身にたくさんの目を持っていた（同四6、8）。

御座のさらにその周りには、旧約の十二部族と新約の十二使徒を合わせた、世界の全教会を代表する二十四人の長老が、きよめられた品性の「白い衣」を着、勝利者が報いとして受ける「金の冠をかぶって座っていた」（同四4参照）。これらの長老たちは、受けた報いの勝利は神によるものであると、栄光を神に帰して、「冠を御座のまえに、投げ出して言った」（同四10）。「われらの主なる神よ、あなたこそは、（すべての被造物から称賛されて）栄光とほまれと力とを受けるにふさわしいかた（です）。あなたは（あなたの計画する御旨と実行する意志を示す言葉とによって、宇宙に存在する）万物を造られました。（あなたのご意志と御許《みゆる》しである）御旨によって、万物は存在（するようになり、存在を続けている）し、また造られたのであります」（同四11）。以上のような礼拝が天の御国では持たれる。

ヨハネはこの黙示によって、神の過去における創造と、現在での支配統治と、未来における神の国の完成の姿を開示された。患難が始まる前に、その最終的な栄光をヨハネは見せられ、これを受けられる希望の喜びを与えられて、大いに励まされた。

小羊キリストの巻物受け取り

黙示録四章の天の礼拝状況の続きが、五章に書かれている。五章に追加された新しい展開は、七つの封印をされた巻物があることと（黙示録五1）、贖いを完成して御国へ帰られたイエス・キリストである小羊が登場していることである（同五6）。

巻物には、これから起こってくる大患難の内容が記されており（同六1〜2、17）、この巻物を開封することができるのは、主キリストだけである（同五3、5）。

巻物には、神のご意志である未来の計画内容が書かれており、その巻物は、神が右手（権威の象徴）に持っておられる（同五1）。この巻物は、絶対的秘密であるように固く七つの封印で閉じられていて（同五1）、天地のどの生者も死者も、聖徒も、誰一人として開封するには罪ゆえにふさわしくなく（同五2）、封じられたままになっていた。小羊なるキリストだけが開けることができるのであった（同五5）。

キリストが小羊で象徴されるのは、十字架で贖罪を成し遂げられた犠牲を表しているからである。この小羊は七つの角と七つの目を持っている（同五6）。このように表現されているのは、すべてのものを御手におさめ、全能にして完全に統治する力を意味する「七つの角」をキリストが持っておられるからである。また、あらゆるものを奥深く細部まで見通す全能の眼力である「七つの目」を持っておられるからである。この七つの角と七つの目が持つ働きは、キリストから全世界に向かって遍《あまね》く発せられる「神の七つの霊」（同五6）によってなされる。

小羊は神の御座の前におり、その周囲には、四章で示した「四つの生き物」（同四6）と「二十四人の長老」（同四4）がいて、賛美と祈りをささげ、ひれ伏して礼拝していた（同五6、8、14）。四つの生き物は全聖徒を代表しており、二十四人の長老は世界の全教会全信徒を代表している。

長老たちは、「香の満ちている金の鉢とを手に持って」（同五8）いたが、天に向かって立ち昇るこの香は「聖徒の祈り」（同五8）である。旧約の幕屋時代からソロモンの神殿等で香が焚かれたが、この香はささげられる祈りを表している（詩篇一四一2参照）。

この祈りがささげられる前に、小羊キリストは、「（神）の右の手から、巻物を受け取った」（同五7）。キリストこそが三位一体の御子として、父なる神のご計画と審判を実現するには、唯一ふさわしい方であるからである（同五2、4）。

長老たちは、四章の賛美とは異なっている、新鮮で質的に新しい賛美を大声で歌った。

「あなたはほふられ、その血によって、神のために、（全世界の）あらゆる……人々を（罪から）あがない、……御国の民とし、（神と人々との間に立って執り成す）祭司となさいました」（同五9～10）。この新しい歌は「贖いの歌」と呼ばれるものである。

また、周囲にいるおびただしい数の御使いたちは、「ほふられた小羊こそは、力と、富と、知恵と、勢いと、ほまれと、栄光と、さんびを受けるにふさわしい」と叫んでいた（同五12）。ここにある七項目の称賛の言葉は、初めの四つがキリストの神としての性質を言い表しており、後の三つが、人間がキリストにささげるべき言葉である。

この賛美に合わせるかのようにして、「天と地、地の下と海の中にある」（同五13）生者も死者も、すべての被造物が次のように賛美した。「御座にいますかたと小羊とに、さんびと、ほまれと、栄光と、権力とが、世々限りなくあるように」（同五13）。

これらの祈りと賛美は真実ですとの思いを表現するために、長老たちはひれ伏して礼拝し、四つの生き物の「アーメン」によって閉じられた（同五14）。

ヨハネは四章において、創造者にして万物の統治者である神への賛美を聞いた。そして五章において、贖いの完成によって支配を続けられるキリストへの賛美を聞いた。このような、天における壮大な礼拝を見せられることによって、ヨハネは、これから始まる大患難への心備えができ、励ましと平安が与えられたであろう。これは、天での荘厳な礼拝の状況を見せられる私たちにとっても、同じ歓喜が与えられるものである。

前兆事象とキリスト空中再臨

　黙示録を読み進めていて、五章を終わったのだから六章に入ればよい。その六章からは大患難が始まる。「神と小羊の大いなる怒りの日が来たのだ。誰がそれに耐えられようか」（黙示録六17、聖書協会共同訳）。このような神の悪への審きが始まる。だが、その前に確認しておかねばならないことがある。それは、主イエスも福音書の中に告げられたことであり、パウロもローマ書、コリント書、ピリピ書、テサロニケ書などで述べているところの前兆事象と、キリストの空中再臨についてである。

　キリストの再臨と神による審判が、いつ来るのかは誰にも分からない。「主の日は盗人のように襲って来る」（Ⅱペテロ三10）とあるように、突然やってくる。「だから、目をさましていなさい」（マタイ二四42）と主イエスも警告された。再臨は神の御心の中に計画として組み込まれている事柄であり、人には予測がつかない。私たちにできることは、再臨のキリストがいつ来られてもいいように、常に用意をしておくことである。「思いがけない時に人の子（キリスト）が（再び）来るから、あなたがたも（十分に）用意していなさい」（同二四44参照）、と主イエスは注意を促された。

しかし、幸いなことに、主イエスが再びおいでになる前に、その前兆がある、と主は教えてくださった。「世の終りには、どんな前兆がありますか」（同二四3）との弟子たちの質問に対して、こう答えられた。「これらのことを見たならば、人の子が戸口まで近づいていると知りなさい」（同二四33）。

それでは「これらのこと」である、どんな前兆が起きてくるのであろうか。そのいくつかを挙げると、

①偽キリストや偽預言者が多く現れ、人々を惑わす（同二四5、11）。

②戦争があちこちで起こる（同二四6）。

③各地に飢饉や地震が起こる（同二四7）。

④人々はクリスチャンを迫害したり殺したりする（同二四9）。

⑤世の中に悪と不法がはびこる（同二四12）。

間違ってならないことは、これらのことが起きてきても、これが大患難であるのではなく、その前兆の事象だということである（同二四6、8）。前兆や患難を「最後まで（信仰をもって）耐え忍ぶ者は救われ」（同二四13）、新天新地に入れてもらえる。

これらの前兆事象と並行して、福音が全世界に宣教される。すなわち、

「そしてこの御国の福音は、すべての民に対してあかしするために、全世界に宣べ伝えられるであろう。そしてそれから（世の）最後が来るのである」（同二四14）。

福音が全世界に宣べ伝えられたからといって、誰もが悔い改めて信仰を持つようになるとは限らない。それは従来の人類が歴史上で示してきたとおりである。すべての人が救われるようにならなくても、神が定められた最後の時機が来れば、キリストの空中再臨はあり、大患難は始まる。

聖書に預言されたことは、そのとおりに人類の歴史上に、次々と今までに起こってきた。再臨であれ大患難であれ、これだけは起こらないとの根拠を、人類は持ち合わせていない。これらの事が今後必ず起こるものとして、備えをしておかねばならない。

キリスト者が大患難を受けるわけ

神の慈愛と忍耐によって、人々の悔い改めが待たれ（Ⅱペテロ三9参照）、多くの伝道者や宣教師またはクリスチャンによって、世界の各地へ福音が宣べ伝えられる。それにもかかわらず、人々が最後まで福音を信じようとはせず、神に立ち返ることを拒む。このことに対しては、「神と小羊の大いなる怒りの日が来（て）」（黙示録六17、聖書協会共同訳）、大患難によって審かれることになる。これが起こることは不条理であるとは言えず、これまでの神の寛容と忍耐に鑑みて、十分に理解できることである。そして、「神がキリスト・イエスによって人々の隠れた事がらをさばかれるその日に、（すべてのことが）明らかにされる」（ローマ二16）。

だが、救いを受けたキリスト者も同じく、前兆事象の苦しみや大患難に襲われる。それはなぜであろうか。これにはおもに二つの理由がある。一つは、ふるいにかけられて信仰の質を試されるためである。もう一つの理由は、キリストの復活に与《あずか》るためである。

一つ目の理由としての、大患難によって信仰の質が試され、評価され、それなりの判定と報いを受けることについては、パウロが、次のようにコリント書に書いている。

「神から賜わった恵みによって、わたしは熟練した建築師のように、（信仰の基礎となる）土台をすえた。そして他の人（本人や牧師）がその上に（信仰の成長・結果としての）家を建てるのである。しかし、（形状や材質、構造、大きさなど）どういうふうに建てるか（を、各自）、それぞれ（建て上げていく人が）気をつけるがよい。なぜなら、すでにすえられている土台以外のもの（思想や異教祖）をすえることは、だれにもできない。そして、この土台はイエス・キリストである（キリスト以外の土台であってはならない）。この土台の上に、だれか（信仰者本人）が、（強固高価であるもの、または軟弱低価値であるものの材質である）金、銀、宝石、木、草、または、わらを用いて（人生を通じて）建てるならば、（どんな信仰の成果としての家を建て上げたか）それぞれの仕事（具合）は、（後の試練、評価によって）はっきりとわかって（明確になって）くる。すなわち、かの（前兆事象や大患難の）日は（燃やし尽くす大患難という）火の中に現れて、（どんな材質と構造で建てられているか）それを明らかにし、またその火は、それぞれの仕事が（どんな努力と工夫と熱心の）どんなものであるかを、ためす（試験して評価する）であろう。（その結果）もしある人の建てた仕事が（金、銀、宝石といった高品質の材料で堅固に建て上げているので火という大患難によっても焼き崩れずに）そのまま残れば、その人は（神から）報酬を受けるが、（木や草、わらといった脆く低価値の材質のもので建てた信仰の家のために）その仕事（結果）が焼け（尽き）てしまえば、（後には何も残らず水泡に帰し、大損害という）損失を被るであろう」（Ｉコリント三10〜15）。

このようにクリスチャンの信仰は、天の御国に入る前に、大患難によって試される。信仰という建物を、草やわらで建てて、全部燃え尽きてしまった人でも、クリスチャンであり続けるならば、わずかな希望が残されている。信じて救われたクリスチャンであるならば、火で何も残らなくなっても、何の報酬も与えられることはないのだが、御国には入れてもらえる。それは、「しかし彼自身は（身一つで）、火の中をくぐってきた者のように（何も残っていない者）ではあるが、救われるであろう」（同三15）と、パウロが証言しているからである。

キリスト者であっても終末の終わりに大苦難を受ける、二つ目の理由である「復活に与るため」は、次のとおりである。復活に与るためには、キリストと同じような苦難を通らねばならないと、パウロはピリピ書で言っている。すなわち、「キリストとその復活の力とを知り、（復活を受けるために）その（キリストと同じ）苦難にあずかって、その（キリストの）死のさまとひとしくなり、……死人のうちからの復活に達したい」（ピリピ三10〜11）のである。

キリストの復活の相続人である以上は、私たちキリスト者も、イエス・キリストと同じ苦難を相続せねばならない。「栄光だけで結構です。苦難は遠慮します。要りません」というわけにはいかない。「キリストと共同の相続人である以上、キリストと栄光を共にするために苦難をも共にする」（ローマ八17参照）のである。

キリスト者が前兆事象や大患難によってキリストと共に苦難を受けるのは、死人の中からの復活に与り、神の栄光を相続するための過程の一部である。

キリスト再臨までの霊魂の状態

死んだ人はどうなるのだろうか。全く消え失せて何も残らず、跡形もなくなるのだろうか。聖書ではそうは言っていない。信仰者も未信者も、死んだ後の魂は、その人の肉体から離れて、パラダイス（楽園）かハデス（黄泉《よみ》）へ行くと書かれている。このことを主イエスは、貧者ラザロと金持ちの譬《たとえ》をもって教示された。

すなわち、極貧と皮膚病の中にあったが、信仰を持って生を終えたラザロは、御使いに伴われて、アブラハムのふところという楽園に行った。ところがもう一方の金持ちは、存命中は信仰には全く無関心で、貧者への憐みの心遣いなどはいっさいなく、毎日贅沢に遊び暮らしていた。この金持ちが死んで葬られた後に、火炎が燃えさかる黄泉に落とされ、そこで苦しみ悶えた（ルカ六19～24参照）。

このように死後において、私たちは全く消滅してしまうのではなく、霊魂が身体から分離して、パラダイスか黄泉に送られる。そこで復活して最後の審判が始まるまで待つ。（最後の審判において、その後に新天新地に迎え入れられるようになるか、それともゲヘナ［地獄］へ送られるかが決まる。）

黙示録六章には、殉教させられた人々の霊魂がパラダイスにあって、彼らが主と会話していることが書かれている。「神の言《ことば》（を信じて従うこと）のゆえに、また、その（信仰と福音に関する）あかしを立てたために、殺された（殉教させられた）人々の霊魂が、祭壇の下にい……た」（黙示録六9）。信仰のゆえに殺されたような人は、パラダイスにあっては、祭壇の下に集められている。そして、そこに「あった」のではなく「いた」と書かれているように、霊魂には人格があり、尊厳を保っている。

彼らは主と会話して言った。「聖なる、まことなる主よ。いつまであなたは、（善悪、信仰不信仰を）さばくことをなさらず、また地に住む者（人類）に対して、わたしたちの（苦難を受けて殉教させられた）血の報復をなさらないのですか」（同六10）。この問いに対して、主は次のように答えられた。「『（この後の地上での迫害やこれから起きてくる大患難によって、あなたがたと）同じく殺され（殉教させられ）ようとする僕仲間や兄弟たちの数（人数）が（わたしが定めた数に）満ちるまで、もうしばらくの間、休んでいるように』と言い渡された」（同六11）。

ここに書かれているように、死んでパラダイスに送られた霊魂には、意識があり、考えもするし、願いをし、判断もする。そして、「もうしばらくの間、休んでいるように」（同六11）と申し渡されるように、最後の審判が始まるまで、地上では大患難が吹き荒れる中にあっても、その苦しみを受けることなく、休息しながら復活の時が来るまで待機することになる。

地上に生きる私たちは、死後のことにも大いなる希望を持って、信仰生活を続けていきたい。

信仰者には盗人のように来たらず

主の再臨の日は誰も分からない。御子さえ知らない（マタイ二四36参照）という。夜、盗人が襲ってくるように突然やってくる。それから決して逃がれることはできない（Ⅰテサロニケ五2〜3参照）というのなら、私たちはそのための備えをしようがない。

ところが、その心配をする必要はない、と主は言われる。キリストを信じる者には、「あなたがたは（神が照らす光の中を歩んで）暗やみの中にいないのだから、その日が、盗人のようにあなたがたを不意に襲うことはない」（同五4）と言われる。キリスト者には御子が戸口にまで近づいている時には、その前兆事象がある。「いちじくの……枝が柔らかになり、葉が出るようになると、夏の近いことがわかる。そのように」（マタイ二四32〜33）。その前兆事象を察知、体験したならば、主の再臨の日は近いと覚悟を決めればよい。

ところが、主を信じない人は、「悔い改めて神に立ち帰れ、さもなくば滅ぼされる」（マタイ三2、四17、マルコ一4、15、ルカ三7〜8参照）と宣教し、警告を与えられても、全く聞き耳を持たず、馬耳東風で、その日まで人々は「食い、飲み、めとり、とつぎなどして」（マタイ二四38）日常生活にあくせくし、楽しむことに没頭している。そんな人々に対しては、「人々が平和だ無事だと言っているその矢先に、ちょうど妊婦に産みの苦しみが臨むように、突如として滅びが彼らをおそってくる」（Ⅰテサロニケ五3）ことになる。

キリスト者と信仰拒絶者のこの違いは、ノアの箱舟の事件によく似ている。神に従うノアは、洪水など想像だにできないような炎天下であるにもかかわらず、神の警告に従って、乾いた地の上に大きな箱舟を造って備え、いざ洪水が襲ってきた時にその中に家族ともども、動物たちと共に入って助かり、新地で生活するようになった（創世六13、22、七1、7、八20、Ⅰペテロ三20参照）。ところがこのノアの箱舟造りの行為を嘲笑《あざわら》って、日々の生活のほうにだけ精を出し、日常活動に夢中になっていた人々は、洪水が押し寄せてきて、「あれは本当だった」と気付いても、もうその時は遅く、全員が溺れ死んでしまった（創世七21〜23、マタイ二四39参照）。

私たちは、ノアの信仰と行動のことを知って、神の警告には謙虚に耳を傾け、前兆事象に知らされて、主の再臨が近いことに備えていきたい。

堅実に再臨を待つ

信仰の目標をどこに置くべきであろうか。聖化されて品性を整えられ、キリストに似て、愛の人になることは、クリスチャンの生涯目標として重要な事柄である。だが、もう一つ明確に問われなければならないことがある。再臨信仰を持っているかどうかである。主の再臨があることを堅く信じて待ち望み、主が再びおいでになった時に、キリストと、顔と顔を合わせて相まみえるように（Ⅰコリント一三12参照）、親しくお会いすることである。その先に、最重要な御国入国がある。再臨信仰が正しい聖化を導き、促す。

再臨から御国入国までの過程は、次のとおりである。主の再臨によって私たちは復活を受け、魂に霊のからだを与えられ、キリストの品徳を付与されて、天の父の聖・義・愛に近づけられる。この準備が整った後に、天の父の最後の審判を受ける。その時に主キリストの執り成しをいただき、私たちの至らないところを補い、弁明していただく。その結果として、御国入国が許可され、新天新地へ迎え入れられる。

聖化を受けることも愛の人に変えられることも、キリスト再臨にあう前の、現在生きている段階の事柄である。またこの二つのことは、キリストとの再会時に栄化されることによって終了する。したがって、再臨信仰を確実に固く持つことは、聖化のその先にある目標として重要なことである。

再臨信仰で留意しておかなければならない重要な事柄が、もう一つある。再臨信仰を持ちながら、どんな生活をするべきかということである。もうすぐにも来られるとの再臨信仰に捕らわれ過ぎて、日々の生活が落ち着いてできなくなった人々が、かつてあったようである。これについてパウロは言う。「(私のところへ持たらされた報告によって) 聞くところによると、あなたがたのうちのある者は (キリスト再臨に熱狂のあまり、浮き足立ってしまって) 怠惰な生活を送り、働かないで、ただいたずらに動きまわっている (人々がいると聞いている)」(Ⅱテサロニケ三11)。

これではいけない。再臨信仰を固く持った上に、なおその日が来るまで、堅実に自分に与えられた使命を全うすべく、熱心に活動することである。パウロも勧めている。「あなたがたに命じておいたように、つとめて落ち着いた生活をし、自分の仕事に身をいれ、手ずから (自ら自分の手で) 働きなさい」(Ⅰテサロニケ四11)。ルターも言ったとのことである、「明日、再臨があろうとも、私は今日もりんごの木を植える (福音を宣教し続ける)」と。

再臨は待望するが、それでも再臨の当日までは、私たちの各自すべきことを確実に実行しつつ、生活を続ける信仰者でありたい。

キリストの空中再臨に与る

主の再臨がどの段階であるかについて、各説がある。再臨があるのは、大患難が始まる前か、大患難の最中か、それとも大患難が終わってからか、の説である（それぞれ順に、患難前再臨説、患難中期再臨説、患難後再臨説と言われている）。聖書をよく読むと、大患難の前に空中再臨があり、大患難が終わってからキリストの地上再臨があると読めるので、私はこれを信じている。

大患難に遭わないように、それが始まる前に、キリストが空中再臨されて、最初に殉教させられた人や信仰篤かった聖徒が甦らされ（義人の復活）、空中へ携挙される。その後に続いて、地上で生きている聖徒が霊のからだを与えられて、空中携挙される。このことがルカによって使徒行伝に、またパウロによってテサロニケ人への手紙に、次のように書かれている。

すなわち、「あなたがたを離れて天に上げられたこのイエスは、天に上って行かれるのをあなたがたが見たのと同じ有様で、またおいでになるであろう」（使徒一11）。「主ご自身が天使のかしらの声と（時を告げて警報する）ラッパの鳴り響くうちに、（「主が来られたぞ」との）合図の声で、天から下ってこられる。その時、キリストにあって（キリストを信じ従ったゆえに苦難のうちに殉教させられた人や信仰篤かった）死んだ人々が、まず最初によみがえり、それから生き残っているわたしたちが、彼らと共に雲に包まれて引き上げられ、空中で主に会い、こうして、いつも主と共にいるであろう」（Iテサロニケ四16〜17）。このように再臨の主に空中でお会いし、その後は永遠に主キリストと共にいるようになる。

死人の復活については、この後の本書で述べるが、その死からの甦りは三段階ある。第一段階は右記したように、キリストが空中再臨した時の聖徒の復活であり、この復活は「義人の復活」（ルカ一四14、黙示録一九8参照）と称される。次に、キリストの地上再臨があって、千年王国が始まるその前の甦りであって、「第一の復活」と言われる（同二〇5〜6参照）。第三段階の復活は、最後の審判を受けるための、未信者を含めた残りの全員の復活である。彼らには「第二の死」の可能性があり（同二〇12、14参照）、「第一の復活」と関連して、この復活は「第二の復活」と言ってよいであろう。

できることなら私たちは「義人の復活」に与って携挙され、空中再臨の主にお会いしたい。それができなければ、せめて千年紀を支配する者となる（同二〇6参照）「第一の復活」に与りたい。第二の復活のグループには、なんとしても入りたくない。

御国到来の前のさばきとしての大患難

キリストの空中再臨があって、聖徒が地上から携挙されると、いよいよ大患難が始まる。大患難は、神の怒りの爆発であって、天変地異を伴い、悪しき者たちにとってはたいへん恐ろしい災害である。だが救いを受けた者にとっては、その先に新天新地が約束されており、天の御国へ入れていただける望みがある。

このことをペテロは、次のように表現している。

「その日には、天は大音響をたてて消え去り、天体は焼けくずれ、地とその上に造り出されたものも、みな焼きつくされるであろう。……しかし、わたしたちは、神の約束に従って、義の住む新しい天と新しい地とを待ち望んでいる」（IIペテロ三10、13）。

神の怒りの様は、黙示録一五章と一六章に、七つの鉢の災害として描かれている。これらの災害によって神の怒りは頂点に達する。「またわたしは、天に大いなる驚くべきほかのしるしを見た。七人の御使が、最後の七つの災害を携えていた。これらの災害で神の激しい怒りがその頂点に達するのである」（黙示録一五1）とあるとおりである。

なぜ大患難が到来するのであろうか。なぜ、神の御国が来る前に、神の怒りの審きがあるのであろうか。それは、聖なる御国が確立し展開していくその前に、悪を一掃しておかねばならないからである。神の聖・義・愛が神の国に満ちて、悪や汚れがいっさいない新天新地が来るためには、その前に、神の聖さに反するような悪の全てを取り除かねばならないからである。

大患難が来るまでの長い間、人類の歴史を通じ、神は多くの方法と人とを投じて福音を世界に伝え続け、神に立ち返るようにと、忍耐をもって待っておられた。「今までに犯された罪を、神は忍耐をもって見のがしておられた」（ローマ三25）とパウロも言う。しかし、神が忍耐して待つ期間、そして見逃しておく期間はすでに終わった。人々が悔い改めて福音を信じるべき期間は満了した。神に立ち返らずに悪業を続ける者を、すべて滅ぼし尽くす時機が来た。

この時機の到来を、「（悪を強いる）獣（のような人）とその（偶）像とその名の数字（迫害強要する皇帝名を隠喩する数列）とにうち勝った人々が」（黙示録一五2）、次のように歌っている。「主よ、あなたをおそれず、御名をほめたたえない者が、ありましょうか。あなただけが聖なるかたであり、……あなたの正しいさばきが、あらわれるに至」りました

（同一五4）。

この賛美に引き続いて、七つの鉢の大災害が始まる。「そして、（神の業の働きをする）四つの生き物の一つが、世々限りなく生きておられる神の激しい怒りの満ちた七つの金の鉢を、七人の御使に渡した」（同一五7）ことによって始まる。

大患難について主は言われる。「（これらのすべてのことにおいて）神の怒りに任せなさい。なぜなら、『主が言われる。復讐はわたしのすることである。わたし自身が報復をする』と書いてあるからである」（ローマ一二19）。これによって、「わたしはあだを返し、報いをするであろう。彼らの災の日は近く、彼らの破滅は、すみやかに来る」（申命三二35）との預言が成就する。

地ならしとしての大患難

聖書の最初にある言葉は、「はじめに神は天と地を創造された」（創世一1）であり、書き終わりのすぐ近くの言葉は、「のろわれるべきものは、もはや何ひとつない。神と小羊との御座は都の中にあり、その僕たちは彼を礼拝し、御顔を仰ぎ見る」（黙示録二二3〜4）である。最後の言葉は、「主イエスの恵みが、一同の者と共にあるように」（同二二21）である。ここに救いの経綸《けいりん》の最初と最後の状態が書かれている。

救いの経綸とは、救いに関する神の大計画のことであって、救いを中心とした神のご意志とその展開を内容とした設計図である。救いの経綸のスタートは、神による天地創造である。そして、その目的であるゴールは神の国の確立である。すなわち、神が愛する人類との平安な交わりが繰り広げられる御国の実現と、その継続である。この始点と終点の間に、人類の堕罪とその深まり、そしてクライマックスとして、キリストの十字架による贖罪と復活がある。

黙示録がこの救いの経綸の最終章として書かれている書物であるので、黙示録を正しく深く理解するためには、救いの経綸について少し知っておくとよい。

救いの経綸とは、神の栄光に満たされた領域において、神と人とが愛をもって親密に交わり、礼拝と賛美をもって活動が展開されることを意図して立案された、神の大計画である、と右で述べた。この展開される場の提供であり、その設定が天地創造である。そして、愛の対象として迎え入れられたのが人類創造である。この大計画の終点が神の国の出現とその確立であるが、そのことが黙示録の二一章と二二章に書かれている。この神の国に住む者を厳選するために、大患難があり、最後の審判がある。この最後の審判の様子は同書二〇章に書かれている。

大患難は、神の国が到来する前の罪に荒れた地の地ならしである。神の国を確立し建設していくために、建てるための領域から瓦礫《がれき》や異物を取り除いて、平地にするための地盤の整地工事である。

この地ならしに入る前までのことを確認しておこう。愛の対象として創造された人類であるが、神から愛されているにもかかわらず、人は神の意向を拒絶し、かえって神から離れる道を選んだ。その結果は、生活上で何をしても人は不幸と堕落に陥り、悪へ突き進むだけで、原罪に捕らわれて脱け出せなくなった。それをご覧になって憐れに思われた神は、人類に救い主を送られる計画を立てられ、人が再び立ち上がれる道を提供された。預言者や御子の派遣である。それさえも拒む人類に対して、宣教などのいろいろな方法を施して神は忍耐して待たれたが、人類は一向に立ち返ろうとはしない。そこで神は、忍耐の期間を終わらせ、御国を始めるための地ならしをし、新天新地を開始する計画へと移られた。これが大患難の到来である。神の国樹立の前に、まず悪に満ちて荒廃してしまったこの世を徹底的に審いて、悪を取り除き、悪の跡形もないように地ならしをし、神の国が来るための準備をされるわけである。

悪が一掃された新天新地において、神とキリストとの深い交わりのうちに、賛美をささげつつ、敬虔な礼拝をもって、永遠に生きていく幸いに与りたいものである。

患難後の御国を待ち望む

黙示録は全部で二二章ある。そのうちの六割、六章1節から一八章24節までの十三章にわたって、大患難の内容が記されている。その中心事項が七つの封印、七つのラッパ、七つの鉢による災害である。

これらの三種の災害は、

(イ)それぞれ異なった連続的な出来事であると理解することもできるし（黙示録八1～2、一五1、7、一六1参照）、

(ロ)一つの一連の患難の同じ時点と同じ地点を、異なった視点で異なる側面から見た様相を描写したものである、とも理解できる。

例えば次のような説がある。四～一一章が、始めを天の門の開きとし、終わりを生ける国民のさばきとしている。一二～一四章が、始めを幻が天に現れることにし、終わりを生ける国民のさばきとしている。一五～一九章が、始めを他の幻が現れることにし、終わりを生ける国民のさばきとしている（米田豊『新約聖書講解』［福音宣教会、一九八七年］四八三頁）。右記(イ)(ロ)のどちらにしても、この三種の患難は、同様な事柄が繰り返し書かれて

おり、細部にわたってはそれぞれ異なっている。

この大患難の期間は、それほど長くはなく、四十二か月（三年半）だと言う。「彼らは、四十二か月の間この聖なる都（エルサレム）を踏みにじるであろう」（同一一2）と書かれている。別の箇所には、「この獣には、また、大言を吐き汚しごとを語る口が与えられ、四十二か月のあいだ活動する権威が与えられた」（同一三5）とも書かれている。

終末の大患難による災いがどんなものであるかは、幻によっていろいろな描写をしながらイメージ的に記述されている。それらの詳細な解説は、多くの黙示録注解書が刊行されているので、そちらへ譲ることにする。興味のある読者は、そちらのほうの解説書をご覧いただきたい。

黙示録記述の六割を占める大患難であるが、幻を見せられる天の父の主要目的は、この激しい災いのことではない。これらの災いによる審判の後に来る御国到来と、そこで展開される神の国での活動状況のことである。黙示録で最終的に重要なことは、この天の御国が来ることを人類に知らせることであり、救いの経綸が成就することを見せることである。

私たちは、どんな患難辛苦があろうとも、これに耐え、新天新地に住める希望を大きく持って、信仰生活を完遂させていきたい。

よき知らせの前ぶれとしての大災害

終末に大患難があり、その先に喜びがあるということを、主イエスが弟子たちに語った聖書箇所がある。それを、私的解説語を加えながら、以下に記述してみる。これは、主イエスからの私たちへの予告であり約束である。左記する主イエスの語る言葉は、弟子たちが「どういうことか。わたしたちには、その言葉の意味がわからない」(ヨハネ一六18)と言って、「尋ねたがっていることに気づいて」(同一六19)、主イエスが答えられたことである。これがヨハネによる福音書の一六章19〜23節に書かれている。

「しばらくすれば(わたしが昇天していくので)わたしを見なくなる、またしばらくすれば(わたしが再臨するので)わたしに会えるだろうと、わたしが言ったことで、(何を言っているのかよく分からない、どういうことなのだろうかと、あなたがたは)互に論じ合っているのか。よくよくあなたがたに言っておく(のでよく聞き、固く記憶に留めておきなさい)。あなたがたは(終末に大患難が襲ってくるので、苦しみと恐怖のために)泣き悲しむ(ようになる)が、この世は(この後に新天新地が来るという約束があることをよく知っているので)喜ぶであろう。あなたがたは(終末の大患難が来て、どんな苦しみに遭うのだろうかと）憂えているが、その憂いは（神の国がいよいよ到来して展開されていくので、やがては）喜びに変るであろう。（そのことを譬《たとえ》を使って話すとすれば）女が子を産む場合には、（出産直前に陣痛が来て、いよいよ）その時がきたというので、（どんな激痛がくるのだろうかと、大いに）不安を感じる。しかし、（産みの苦しみは思ったほど長くはなく）子を産んでしまえば、もはや（何もなかったように）その苦しみをおぼえていない。（すっかり忘れてしまい、むしろ）ひとりの人（自分の赤ちゃん）がこの世に生れた、という喜びが（大きく）あるためである。このように（このことと同じように）あなたがたにも（終末時にはどんな大患難があるのだろうかと）今は不安がある。しかし、わたしは（再臨して）再びあなたがたと会うであろう。そして、（わたしに再び会い、なぐさめられ、力づけられ、希望を与えられるので）あなたがたの心は喜びに満たされるであろう。その喜びを（この後も、大患難中であっても）あなたがたから取り去る者は（もはや、ずっと）いない。（わたしに再会し、神の国に入った）その日には、（すべてのことが満たされ、明らかにされるので）あなたがたが（理解できないとか、分からないと）わたしに問う（ような）ことは、（もはや）何もないであろう」（ヨハネ一六19〜23）。

ここに示して主イエスが話されたように、終末の大患難は、滅亡の前ぶれではなく、御国到来の良き知らせの前ぶれである。神の国がすぐそこまで来ているとの喜びの前ぶれである。大患難は確かに、人々が良悪に振り分けられ、審きが加えられる災害ではある。しかしまた、この後に喜ばしきことが、これから間もなく始まるとの福音、すなわち良きおとずれの広報でもある。

試練を通過して、霊性と品性がきよめられた者でなければ、天の御国に入ることはできない。だから、大患難はそのための最後のきよめの機会である。

間もなく始まる御国到来を期待しつつ、最後の災害を通り抜けていきたい。

印によって守られる

大患難があった時に、義人の復活によって携挙されることがなかった地上のクリスチャンは、どういうことになるのであろうか。聖書によれば、大患難が襲ってきた時でも、その苦しみに遭わないように守られる、と書いてある。それは、「忍耐についてわたしの言葉をあなたが守ったから、わたしも、地上に住む者たち（の真贋）をためす（試験をする）ために、全世界に臨もうとしている（大患難という）試練の時に、あなたを（その災害から）防ぎ（被害を被らないように）守ろう」（黙示録三10）と書かれている。

大患難の襲来があった時でも、次の御言葉は実行され、信じ従うクリスチャンは災害に遭わないようにされる。すなわち、「神は真実である。（だから）あなたがたを耐えられないような試練に会わせることはないばかりか、試練と同時に、それに耐えられるように、のがれる道も備えて下さる」（Ⅰコリント一〇13）。そして、「神は、神を愛する者たち、すなわち、ご計画に従って召された者たちと共に働いて、万事を益となるようにして下さる」（ローマ八28）のである。

大患難は、福音を最後まで拒絶し、神を神と認めない者を最終的に罰するために加えられる。正しい者を苦しめるためのものではない。このことは、箱舟をもって救われたノアの時にも、また、ひどい悪徳淫行が蔓延するソドム、ゴモラを火と硫黄で滅ぼし尽くす際に、「正しい者と悪い者とを一緒に殺すようなことはなさらず」（創世一八25参照）に、ロトとその家族だけは救い出されて難を逃れさせたことにも、示されている。「主は（心から神を愛する）信心深い者を試練の中から救い出（される）」（Ⅱペテロ二9）。

それでは、大患難から守られるようにするために、どのような方法をもってしてくださるのであろうか。それは、災害を及ぼす御使いが良悪を明確に判別できるようにするために、クリスチャンに対しては、「この者には災害が及ばないようにせよ」との印を押すことによってである。そのような印を額に付けてくださる。神の子となっている者には、次のようにしてくださる。「また、もうひとりの御使が、生ける神の印を持って、日の出る方から上って来るのを（私ヨハネは）見た。彼（御使）は地と海とをそこなう（大患難を実施する）権威を授かっている四人の御使にむかって、大声で叫んで言った、『わたしたちの神の僕《しもべ》ら（クリスチャンたち）の額に、わたしたちが印をおしてしまうまでは、地と海と木とをそこなってはならない』」（黙示録七2〜3）。この印は、「神の印」とあるように、「この者は神に所属する者である」ということが明確に分かるように表示するものである。

この印を押された者は、大患難の災害から守られる。そうであるなら、神からの保護証明の印を額に押される者になりたい。

印の意味と効力

大患難が始まる前に、クリスチャンに神が押印してくださるしるしとしての印には、どのような意味があるのだろうか。この印を額に受けている者は、大患難に遭わないことはもちろんのことであるが、この印によって、このクリスチャンは次の者である、ということが表明されている。

神が御使いによって大災害の前に押してくださる印には、三つの意味がある。その第一は、①「この者は本物である」との証明である。私が持っているいくつかの卒業証書や資格証明書には、その学校や団体の印が押されている。このように、本物には本物であることを証明し、保証するだけの権威のある印が押されている。クリスチャンも同じで、大患難を前にして、「この者は真正で堅い信仰を持った本物のクリスチャンである」と保証する印が額に押されて、大患難からまぬがれるようにされる。

印の第二の意味は、誰の所有物であるかを明示して保証する、②「所有権のしるし」である。私が現在住んでいる家の土地は、私が若い時に買って、法務局に提出登記されて、守られている。その登記簿には、私の実印が押されていて、他の人が別の印を持ってきて、所有権を主張しても、それは決して認められず、法務省が国家権力によって許可しない。これと同じく、御使いがクリスチャンの額に押してくださる神の印は、「この者は神が所有する者であって、サタンなどのどんな者が所有権を主張してきても、それは認めない。当然引き渡すこともしない」として、その効力を発揮するものである。

印の第三の意味は、③「不法変更から守るもの」である。かつて巻物の書状や勅令には、閉じられた後に封印が押され、中に書かれていることが本物の真意であることを保証し、宛先になっている人以外には誰も開封して見たり、記述内容が変更されることのないようにした。現代でも私たちが封書で郵送する場合には、封筒の折り返しの閉じ蓋には、メ印を書いたり、シールを貼るなどして、開封や変更がなされないようにする。

以上の①〜③のように、印を額に押された者は、

①本物のクリスチャンであることが保証され、

②神の所有物であるとして保護され、

③他からの誘惑や請求が来ても、現在の状態が変更されることのないように阻止される。

額の印は、このような①②③の効力を発揮する。

クリスチャンには、大患難に遭わないように守られるだけでなく、さらに、次のことが加えられる。神の前における最後の審判の時に、主イエス・キリストは、信仰においても行動においても御心に達していない、私たちの不足している欠如を弁護してくださる。そして神の寛恕の判決が下されるようにと、真心をもって執り成してくださる。それは次のように、イザヤ書によって預言されている。

「しかし彼（イエス・キリスト）はわれわれのとが（罪）のために傷つけられ、われわれの不義のために（心も体も）砕かれたのだ。彼は（私たちに代わって）みずから懲らしめをうけて、われわれに（神からの和解と恵みの）平安を与え、その（十字架上で裂かれ）打たれた傷によって、われわれは（本来受けるべき罪過の傷を）いやされたのだ。……これは彼（イエス・キリスト）が（十字架の）死にいたるまで、自分の魂を（しぼり出すようにして）そそぎだし、とがある（別の二人の犯罪）者と共に（犯罪人の一人に、私たちに代わって）数えられたからである。しかも彼は多くの人の罪を（引き受けて）負い、とが（神の前に不十分である欠陥の）ある者（私たち）のためにとりなしをした」（イザヤ五三5、12）。

また、聖霊も私たちを助けて、私たちが無事に神の国へ入れるようにと、私たちに聖霊の印を押して、次のように御国入国を保証してくださる。

「あなたがたもまた、キリストにあって、真理の言葉、すなわち、あなたがたの救いの福音を聞き、また、彼を信じた結果、約束された聖霊の証印をおされたのである。この聖霊は、わたしたちが神の国をつぐことの保証であって、やがて神につける者が全くあがなわれ、神の栄光をほめたたえるに至るためである」（エペソ一13〜14）。

意味深い神の印を受けて、その効力に大いに与《あずか》りたい。

印を押される者の基準

大患難に遭わないようにと押してもらえる額への印は、クリスチャンなら誰でも押してもらえるのだろうか。もしそうでなければ、どんな人が押印を受けられるのだろうか。これも聖書に書いてある。答えを先に言うと、押してもらえる人と押してもらえない人がある。それでは、押印可否の判定基準はどこにあるのだろうか。

押印の判定基準は、

①信仰的艱難に遭っても、信仰を守り通したかどうか、

②神の子として神の性質に似る者に成長したかどうか、

である。この二点の基準は、黙示録七章13〜17節（次々頁）によっても分かる。

①人生の一生の間には、楽しいこと喜ばしいことばかりでなく、苦しみも悲しみもある。特にキリスト者には、世にあって、キリスト者であるがゆえに、世の人々から加えられる誤解や偏見が日常的にあり、時には、信仰を止めさせようとする強要や迫害さえある。サタンの誘惑にも気を許せない。そんな艱難の中にあっても、神の前に信仰を忠実に守り通したかどうか、これが大患難前に問われ、押印の可否が決

定される。

②人間が生きる第一の目的は、大富豪になったり、高い名誉を受けたり、権力者になって人々を自分の思いどおりの配下に置くことではない。また、人々に物質的にも精神的にも幸せを提供する働きをすることは、価値ある大切なことである。だが、人が生きる上で第一に目標とすべきことは、人が人となることである。人が本来の人間になることである。

人間は神の像《かたち》に造られた（創世一27参照）が、人は自らの意志と行動によって、その像を毀損し捨て去った。これをもう一度取り戻し、本来の人間になること、これが人生で目標とすべき最も大事なことである。本来の人間すなわち神の像《かたち》を取り戻すこと、これを別の言葉で言い表せば、神の子として神の性質を帯びた者に成長し、到達することである。

右記の、①信仰を守り通したかと、②神の子として成長したか、この二つが大患難時に守られるための押印を受けられるかどうか、その判定基準である。

この①②を信仰生活でしなかった者は、大患難が襲ってきたときに、次のようになる。

「自由人らはみな、ほら穴や山や岩のかげに、身をかくした。そして、山と岩にむかって言った、『さあ、われわれをおおって、御座にいますかた（神）の御顔と小羊（イエス・キリスト）の怒りとから、かくまってくれ。御怒りの大いなる日が、すでにきたのだ。だれが、その前に立つことができようか』」（黙示録六15〜17）。

右記①②の判定に合格した者は、神に受け入れられ、次のように白い衣と御国入国の祝福が与えられる。

「（神の御前に仕える二十四人の）長老たちのひとりが、わたし（ヨハネ）にむかって言った、『この白い衣を身にまとっている人々は、だれか。また、どこからきたのか』。……『彼らは（ここへ来るまでに地上で）大きな患難をとおってきた人たちであって、その衣を小羊の血で洗い（きよめ）、それを白くしたのである。……彼らは、もはや飢えることがなく、かわくこともない。……御座の正面にいます小羊（イエス・キリスト）は彼らの牧者となって、いのちの水の泉に導いて下さる』」（同七13、14、16、17）。

印を押される者は無制限ではなく、限定された人数であることにも、注意しておく必要がある。このことは、次のように書かれている。

「わたし（ヨハネ）は印を押された者の数を聞いたが、（神の家族として認められ、救いを受けた人々を象徴する）イスラエルの子らのすべての部族のうち、印をおされた者は十四万四千人であった」（同七4）。

十四万四千という数は象徴的な数であって、正確な実数を言っているわけではないが、それでも押印される人の数は無制限ではないことを表している。限定された厳選の数であることを示している。この選定から外れたクリスチャンは、大患難の苦しみを受けることを覚悟せねばならない。

額に印を押されない人は、死にたいと思っても死ぬことも許されないほどの、苦しい災害が加えられる（同九4、6参照）。

自分は、押印を受けて大患難をまぬがれる人々の側に入れられるのだろうか、それとも、押印を受けられず大患難の苦しみを受けるグループのほうに入れられるのだろうか。

救いの機会がなくなる大患難

「すると、聖所は神の栄光とその力とから立ちのぼる煙（神の臨在の象徴）で満たされ、七人の御使の七つの災害が終ってしまうまでは、誰も聖所にはいることができなかった」（黙示録一五8）とある。この「災害が終ってしまうまで、だれも聖所に入れない」とは、何を意味するのであろうか。それは、「救いの機会は閉じられた」ということである。執り成す祭司が誰も聖所に入っていくことができなくなり、教会は閉じられて、「大患難が終わってしまうまでは、救いを伝える福音宣教の活動は全くなくなり、誰一人として救われる機会がなくなった」ということである。信じようとしない人々は、審きの大患難に遭っても、悔い改めて神に立ち返ろうとはしない（同一六9、11、21参照）。

大患難が始まってからは、救いに与《あずか》るチャンスは全くなくなる。なぜなら、聖所（教会）が閉じられ、誰も入れなくなるからである。人々の救いのために執り成し祈る者はなくなり、聖所から救いを携えて出て行く使命を負った者は、いっさいいなくなるからである。審きをする御怒りによって、神はあわれみを閉じ給うたからである。

これまで神は、長期にわたって福音を全世界に伝え、人々が神に立ち返るようにと、忍んで待ち続けてこられた。しかし、この時機へ来て、すでにその期間は満了した。神の招きに最後まで応じようとしないで、自分の欲と我意によって自分勝手なことをしてきた人々を審き、絶滅させねばならない時がきた。神を認めず悪をなす人々を一掃し、新天新地を迎えるための前準備をしなければならない時期となった。そのための前さばきとしての大患難を実行する時が今きている。大患難が到来して、救いの機会は神によって取り払われた。

私たちとしては、救いのチャンスがなくならないうちに、救いに与っておきたい。大患難が始まって、その時になって気が付いたのではもう遅い。悔い改めの機会がいっさいなくなる状況を迎える前に、正しい福音の恵みに確実に与っておきたい。

大患難に勝ち抜く

「人の子（キリスト）が来る（再臨する）とき、地上に信仰が見られるであろうか」（ルカ一八8）と主イエスが言われた。このことは、大患難時にかなりの数のクリスチャンが地上に残されて大災害を受ける、ということも意味している。そのような大苦難の中にあっても信仰を持ち続け、守り通して、信仰者として残っている人をどれくらい見られるだろうか、と主は言われたわけである。

主イエスが大患難前に空中再臨されて、義人の復活を受けた聖徒は携挙されて、主と共にいるようになり、大患難の災害を受けなくて済むようにされる、ということは前述した（九八頁参照）。また、空中携挙されなくても、地上に残されたクリスチャンは、額に印を押されて、ひどい災害が及ばないようにされる、とも述べた（一一二頁参照）。

それでも、地上に残された多くのクリスチャンは、印を受けたとは言え、緩められた苦難を全く受けないというわけではない。その試練によって、まだ達成していない品性がきよめられ、磨かれて、御国へ入るのに相応《ふさわ》しい者にされる必要があるからである。

地上の多くのクリスチャンが、一般の未信の人々と同じ大患難を受けるとしても、耐えて通り抜けられるように、苦難を緩和する措置が施される、と次のように示されている。

主イエス・キリストは、次のように言われた。

「その時には、世の初めから現在に至るまで、かつてなく今後もないような大きな患難が起るからである。もしその期間が縮められないなら、救われる者はひとりもないであろう。しかし、選民のためには、その期間が縮められる」（マタイ二四21〜22）。

悪徳悪業を働き、神への不信を続け、主に従おうとはしない不従順な者（黙示録九21参照）にとっては、大患難は、決して生き残ることができないほどの激烈過酷なものである。しかし、神を信じ神に従う者には、一つの緩和策として、①神は大患難を短くしてくださる。それは千二百六十日、すなわち四十二か月（三年半）であると言われる（同一一2〜3参照）。たとえ大患難が不信心な者と同じ長さであったとしても、キリストと共にいる者にとっては、その期間が長いとは思われない。主キリストは、「見よ（よく注意しなさい）、わたしは世の終りまで（それが大患難中であろうとも）、いつもあなたがたと共にいるのである」（マタイ二八20）と言われた。主が私たちと共にいて、慰め励まし、負ってくださるから、長いとは感じられない。

この三年半の間には、地上に残っている教会は、次のように逃れる方法が備えられ、また養護される。

「しかし、女（教会）は自分の（逃れの）場所である（人里離れた）荒野に飛んで行くために、大きな（強い）……翼を与えられた。そしてそこでへび（サタン）からのがれて、一年、二年、また半年の間（三年半）、養われることになっていた」（黙示録一二14）。

二つ目の緩和策としては、②大患難に耐えられるように、将来への希望を与えてくださる。大患難の後に神の御国が待っている、との希望である。私たちは希望があるから耐えられる。どんな場合にも、将来に希望が見えないような苦難には耐えられない。未来に希望が確約されているから、現在の苦しい難題にも耐えられる。希望と忍耐は表と裏の一体のものである。神は大患難があっても、クリスチャンには新天新地に入れられるとの希望が約束されている。そのために神は、大患難時のために、クリスチャンの額に印を押してくださるし、御国入国を保証する聖霊の印を押してくださった（同七3、ヨハネ一六22、エペソ一13～14参照）。

地上にどんな患難があろうとも、天に望みを置いている者には、敗北ということがなく、いつも大勝利を得ていくようにされている。この恵みにクリスチャンとして常に与《あずか》っていかれるよう、信仰を堅く保っていきたい。

限定的な死

大患難によって多くの人が命を落とすことになるが、この死について、黙示録の記述から考えてみよう。

「青白い馬が出てきた。そして、それに乗っている者の名は『死』と言い」（黙示録六8）とあるように、大患難時には多くの人が死ぬことになる。神の審きの結果としての死である。しかもこの死の後には、「それに黄泉《よみ》が従っていた」（同六8）とあるように、死んだ者が行く所は黄泉である。

人が死ぬと、生死を境にして、その先ですべてのことがなくなってしまうというわけではない。絶滅して跡形もなく、何も残らないようになるわけではない。死んだ後には、人の霊魂はパラダイス（楽園）かハデス（黄泉）に送られる。黄泉は硫黄の燃えさかる、たいへん苦しい所である（ルカ一六23～25参照）。

大患難時に死に追いやられる人々が受ける患難は、人類の歴史上にあった、一般の人々が受けた死への害悪と変わらない。それは、「つるぎと、ききんと、……地の獣らによ（る）」（黙示録六8）ものである。多くの人たちは剣《つるぎ》が表す武器や戦争に遭って死んでいった。また、日照りによる旱魃《かんばつ》や冷害による不作、あるいは為政者の無策によって飢饉《ききん》に襲われ、餓死していく人も多かった。

このような人災や天災によるだけでなく、歴史上にあっては、「地の獣ら」すなわち残虐横暴な皇帝や首領らの獣的人間によって、迫害を受け、処刑され、殉教していく者も多かった。これは現在も続いている。

このような「つるぎと、ききんと、世の獣らによって人を殺す権威を与えられた」、「青白い馬に乗っている者（死）」（同六8）によって、大患難時に不信仰者は殺される（同九15、18参照）。

死というものが無制限の権力を持っているのではなく、神の許しの範囲内での活動である、ということも黙示録から確認しておく必要がある。

その許しと制限の中の第一の活動は、「小羊（イエス・キリスト）が第四の封印を解いた時」（同六7）と書かれていることが示すように、死は閉じられた中から、神の許しによって出てくることができる。そして神が許容された範囲内で活動することができる（ヨブ二6参照）。

死の第二の制限内での活動は、「彼ら（死）には、地の四分の一を支配する権威が……

与えられた」（黙示録六8）とあるように、地上に無制限に死の力を及ぼすことを許されているわけではない。力を振るう範囲は決して狭くはないが、それでも四分の一と限定された範囲での活動が許可されている。

死も神の御手の中にあって、及ぼす影響の範囲には限界が設けられており、その先へは神の許しがなければ出ることができない。死は確かに広い領分に絶大な権力を振るうが、それでも神のご意志の範囲内にあってだけで活動でき、それ以上のことは人に力を及ぼすことができない。これも神の人へのあわれみであると言ってよいであろう。

第四章

千年王国の展開

「この第一の復活にあずかる者は、さいわいな者であり、また聖なる者である。この人たちに対しては、第二の死はなんの力もない。彼らは神とキリストの祭司となり、キリストと共に千年の間、支配する。」（ヨハネの黙示録二〇6）

千年王国の開始時期

表題に「千年王国」と記したが、聖書に「千年王国」との記述はない。「彼らは生きかえって、キリストと共に千年の間、支配した」（黙示録二〇4）、「彼らは神とキリストとの祭司となり、キリストと共に千年の間、支配する」（同二〇6）と書かれていることから、千年の間支配するので、この状態や期間を「千年王国」と、便宜上一般的に表記している。千年も数学的実数の千ではなく、神の計画内での比較的長期間の年数と受け取ればよい。

千年王国が終末のどの段階で現れ、展開されるのかは、各種の説がある。聖書にはそれがいつであるかは断定されていないし、聖書解釈者がそれぞれに自分の見解を述べているからである。イエス・キリストの再臨がどの段階であるのかと関連させて、おもに次の四つの説がある。

①千年期後再臨説、
②歴史的千年期前再臨説、
③ディスペンセーショナリズムの千年期前再臨説、
④無千年期説。

これらの各説の内容がどんなものであるかの概要は、拙著『死と神の国』（イーグレープ、二〇〇六年）、四七〇～四七一頁に記述してあるので、興味のある方は、そこをご覧になっていただくか、関係書籍や文献をお調べいただきたい。

私見として述べるならば、千年王国とキリスト再臨の関係は、黙示録二〇章の記述を忠実に追っていくと、次の順序であると読み取ることができる。

キリスト空中再臨後に、携挙された聖徒たちが空中で主に会い（Iテサロニケ四16～17）、小羊の婚宴に招かれる（黙示録一九7）。その後に大患難が襲来して、悔い改めずに悪業をなす者が神の怒りによって滅ぼされる。大患難が終わると、

「ひとりの御使が、底知れぬ所（黄泉）のかぎと大きな鎖とを手に持って、天から降りてきた。彼は、悪魔でありサタンである龍、すなわち、かの年を経たへびを捕えて千年の間つなぎおき、そして、底知れぬ所へ投げ込み、……千年の期間が終るまで、諸国民を惑わすことがないようにしておいた」（同二〇1～3）。

↓「彼ら（聖徒）は生きかえって、キリストと共に千年の間、支配した」（同二〇4）。

↓「千年の期間が終ると、サタンはその獄から（一時的に）解放される」（同二〇3、7）。

↓「彼ら（サタンら）は、……聖徒たちの陣営と愛されていた都とを包囲した」（同二〇9）。
↓「すると、天から火が下ってきて、彼らを焼き尽くした」（同二〇9）。
↓「それ（聖徒）以外の死人は、千年の期間が終る……（と）、生きかえ（った）」（同二〇5）
↓「死人はそのしわざに応じ、この書物に書かれていることにしたがって、さばかれた」（同二〇12）。

この記述の順を追うと、次のようになる。

↓キリスト空中再臨と聖徒携挙
↓大患難の開始と終了
↓サタンの捕縛
↓キリストの地上再臨と聖徒の第一の復活
↓千年王国
↓サタンの一時的解放と最後の戦い、ゲヘナへの投げ込み
↓残りの者の復活（第二の復活）

↓最後の審判。

キリストの再臨や千年王国あるいは最後の審判がいつであるか、その時期については、それほど気にしてこだわる必要はない。時期を心配することは信仰の中心事項ではないからである。それよりも、福音が与える事柄に堅く立って、救いを確信し、自分が聖化、栄化に与《あずか》ることに心を用いることのほうが重要である。曖昧不明であって御言葉に明確に示されていないことは、そのまま放っておいて何らさしつかえない。なぜなら、次のように私たちは保証されているからである。

「わたしたちの知るところは一部分であり、……全きものが来る時には（全貌が明らかにされて）、……完全に知るであろう」（Ｉコリント一三9〜12）。

「あなたがたが違った考えを持っているなら、神はそのことも示して下さるであろう。（だから）ただ、わたしたちは、（信仰の）達し得たところに従って進むべきである」（ピリピ三15〜16）。

千年王国ではどんなことが行われるのか、楽しみにしたい。

悪魔の終末捕縛

神の子キリストが王として支配する千年王国に、悪は存在しない。悪が一かけらもなく取り除かれており、神の義《ただ》しさと神の愛が実行される。そのために、千年期が始まる前に、悪の総元締めであり、悪の首領であるサタン（悪魔）は、捕らえられて、地の底の深い所へ閉じ込められる。

「底知れぬ所に投げ込み、入口を閉じてその上に封印し、千年の期間が終るまで、諸国民を惑わすことがないようにしてお（く）」（黙示録二〇3）。

これを実行するのは、天から降りてきたひとりの御使いである（同二〇1参照）。彼は「底知れぬ所の（入口を開閉する）かぎと（悪魔を捕らえて縛り上げる）大きな鎖とを手に持って（いる）」（同二〇1）。この御使いは、「悪魔でありサタンである龍、すなわち、かの年を経たへびを捕えて」（同二〇2）投げ込む。

このサタンは悪の総師であって、手下《てした》どもを使って人を悪へ誘い込み、神に反逆させる。それればかりでなく、世界に悪と暴虐の限りを尽くして暴れ回り、人々を不幸へと落とし入れる。この悪魔は「かの年を経たへび」（同二〇2）であると言われるように、最初の人アダムとエバを誘惑して騙《だま》し、神の意向に反することをさせた、あのへびである（創世三1〜6参照）。あれからだいぶ年数が経って「年を経」ている。

あれ以来、このへびはサタンとして地上で我がもの顔に悪事を働き、人々が神に立ち返ろうとすることを阻止してきた。そして、不信へと導き、人々から本来の人間性を奪い続けてきた。しかし、このサタンも、キリストの地上再臨があって千年王国が始まる前に、ついに捕らえられて、悪のいっさいが行われないようにされる。

現代のこの世においては、悪がはびこっていることが現実であり、サタンは傍若無人に、鬼と並ぶほどの悪辣な活動を続けている。しかしこれも神が見ておられる前での活動であり、いずれは捕らえられて、底知れぬ所へ投げ込まれることになる。そして、「彼ら（人々）を惑わした悪魔は、火と硫黄との池（ゲヘナ）に投げ込まれ、……世々限りなく日夜、苦しめられる」（黙示録二〇10）とあるように、最後には地獄へと落とし込まれ、二度と出てこられなくされる。

悪の最後がどうなるかを知っている私たちは、悪魔からどんな理不尽で暴虐な扱いを受けようとも、これに決して負けることなく、耐えて勝利していくことができる。

復活の種類

キリストの復活を除いて、人の甦りという現象は何回あるか、ご存じだろうか。何種類の復活があるかと問うたほうがよいかもしれない。答えは三回である。①義人の復活と、②第一の復活と、③第二の復活である。

それでは、これらの復活は、どんな時にどんな人たちが甦って、死から生命へ移るのであろうか。それぞれを聖書から確認すると、左記のとおりである。

①義人の復活。この復活は「義人の」と言われるように、正しい人、聖なる者、聖徒と言われる人（Iテサロニケ三13参照）、および信仰を守り通したために殉教させられた人が甦る復活である。この復活は、大患難が始まる前のキリストの空中再臨の時に起こる。このことは『テサロニケ人への第一の手紙』に、次のように書いてある。

「主（キリスト）ご自身が天使のかしらの声と神のラッパの鳴り響くうちに、合図の声で、天から下ってこられる。その時、キリストにあって死んだ人々が、まず最初によみがえり、それから生き残っているわたしたちが、彼らと共に雲に包まれて引き上げられ、空中で主に会い、こうして、いつも主と共にいるであろう」（同四16〜17）。

②「第一の復活」（黙示録二〇5）と称される甦りは、大患難が終わって、キリストが地上再臨し、千年期が始まろうとする時に、この千年王国をキリストと共に正しく平和に支配するために、甦らされる人々の復活である。彼らは、義人の復活には与《あずか》れなかったが、それでもそれに次ぐ聖徒として数えられ、大患難時にも大災害が及ばないように額に印を押されて護《まも》られ、また大患難にも耐えぬいたクリスチャンたちである。このことに関しては、次のように記されている。

「イエスのあかしをし神の言《ことば》を伝えたために首を切られた人々の霊がそこにおり、また、獣（権力者や野獣）をもその（偶）像をも拝まず、その刻印を額や手に受けることをしなかった（拒否した）人々がいた。彼らは生きかえって、キリストと共に千年の間、支配した。……これが第一の復活である」（同二〇4〜5）。「この第一の復活にあずかる者は、さいわいな者であり、また聖なる者である」（同二〇6）。

③第二の復活について。第一の復活の後に「第二の死」（同二〇6、14）が続く。「第一の復活」（同二〇5、6）と表記される復活があるので、「第二の復活」とはどこ

にも明記されてはいないが、「第二の復活」と称される。第二の復活の対象者は、①義人の復活にも②第一の復活にも与れなかった、残りの人全部である。これらの人々の中には、実質の伴わない名ばかりのクリスチャン、信仰を持たなかった人、福音を拒否した人、悪業へ誘惑したり悪徳を働いた人、キリスト者を迫害した人などが含まれる。これらの人々は神の怒りの大患難による審きを受けざるをえなかった人々である。これらの者は、千年期が終わった後の最後の審判を受けるために、本人の意向にかかわらず、否応なく復活させられる。天国行きか第二の死である地獄行きかの判決を受けるためである。第二の復活については、次のように書かれている。

「それ以外の死人は、千年の期間が終るまで生きかえらなかった」（同二〇5）。
「死んでいた者が、大いなる者も小さき者も共に、御座の前に立っているのが見えた。かずかずの書物が開かれたが、もう一つの書物が開かれた。これはいのちの書であった。死人はそのしわざに応じ、この書物に書かれていることにしたがって、さばかれた」（同二〇12）。

パウロは第二の復活ではなく、義人の復活か第一の復活に与れるように努めていると、次のように言っている。「キリストとその復活の力とを知り、その苦難にあずかって、その死のさまとひとしくなり、なんとかして死人のうちからの復活に達したいのである」（ピリピ三10～11）。すなわち死人の復活である第二ではなく、義人や第一の復活のように「死人のうちからの復活に」与りたいと、追い求めている、と言っている。

パウロと同じく私たちも、せめて第一の復活には与らせてもらえるクリスチャンになりたい。

千年王国の様子

千年王国で、①キリストがダビデの位に座して世を治める時代になると、②人類の間には戦いが全く無く、③弱肉強食の野獣や家畜の間にも争いのない平和な時を迎える。これらのことは、旧約と新約の両聖書で、次のように預言されていたことである。

①「彼（キリスト）は（権威権力を持った）大いなる者となり、いと高き者（神）の子と、となえられるでしょう。そして、主なる神は彼に父ダビデの王座をお与えになり、彼はとこしえに（人類を代表する）ヤコブの家を支配し、その支配は限りなく続くでしょう」（ルカ一32〜33）。

②「彼（キリスト）はもろもろの国（全世界）のあいだにさばき（采配）を行い、多くの民のために仲裁（調停）に立たれる。こうして彼ら（人類）はその（戦いのための）つるぎを打ちかえて、（農耕用の）すきとし、その（戦闘のための）やりを打ちかえて、（穀物刈入れ用の）かまとし、国は国に向かってつるぎをあげず、彼らはもはや戦いのことを（必要が全くなくなるので）学ばない」（イザヤ二4）。

③「おおかみは小羊と共に（一緒にいて）やどり、ひょうは子やぎと共に伏し（て

安らかに眠り)、子牛、若じし、肥えたる家畜は共にいて、小さいわらべに導かれ、雌牛と熊とは食い物(の飼糧)を共にし、牛の子と熊の子と(寝床を一緒にして)共に伏し、ししは(家畜を襲って食うのではなく)牛のようにわらを食い(満足する)」(同一一6〜7)。

千年王国には、まあなんと平和で平安な世界が展開されることであろうか。期待して是非その幸いに与《あずか》りたい。

治める側に回るキリスト者

人類の歴史を眺《なが》めてみると、賢王によって統治されてきた国では、民も平安に暮らし、生業《なりわい》に身を投じて、その仕事に熱心に勤《いそ》しむことができた。ところが現実の世界を見ると、民は重税にあえぎ、不正な裁判に苦しめられ、賄賂のやり取りが幅を効かせて、貧乏人は隅へ追いやられ、理不尽な取り扱いにも声を上げられない、というような国や社会が数多く続いてきた。キリスト信徒も、信じるということだけで迫害を受け、多くのクリスチャンが殺されてきた。

ところが、千年期が到来すると、その状況は全く一転し、正義が行き渡り、神の前での忠実と敬虔が重んじられ、愛が基本となる平安な王国となる。私たちが主の祈りとして唱える「御国を来らせ給え」の願いが、実現するからである。

主イエス・キリストは、現在は、私たちの心の内に御国を与えてくださり、私たちと共にいて、王としてまた牧者として導いてくださっている。しかし、千年期が来ると、これらのことが霊的にではなく、大患難によって悪を一掃したこの地上に、キリストの王国を築いて、その王となって治めてくださり、私たちに委ねて支配を実行される。神の祝福が全地に満ちるようになるわけである。

王なるキリストと共に「さばき（采配、統治）の権が与えられて」（黙示録二〇4）、神とキリストに代わって千年王国を支配する人々は、どのような人であろうか。まずは、キリストが空中再臨された時に復活させられて携挙された、「義人」とか「聖なる者」といわれる人々である（Iテサロニケ三13、四16参照）。それに次ぐグループは、信仰のゆえに患難を受けたり殉教した人々である。すなわち、「イエスのあかしをし神の言《ことば》を伝えたために首を切られた人々」と、「獣（権力者や動物）をもその像をも拝まず、その刻印を額や手に受けることをしなかった、（第一の復活に与《あずか》った）人々」（黙示録二〇4、6）である。

「彼ら（このような人々）は神とキリストとの祭司となり、キリストと共に千年の間、支配する」（同二〇6）ことになる。すなわち、民を代表して祭司として神に執り成し、祈り、神の御心が徹底して行われるように、民を治め、奉仕をする。

このように聖徒が地を支配するようになることは、主イエスもパウロも、次のように預言していたことである。

「それで、わたし（キリスト）の父（神）が国（全世界）の支配をわたしにゆだねてくださったように、わたしもそれ（国を治めること）をあなたがたにゆだね、わたしの国で（祝宴の）食卓について飲み食い（愛餐）をさせ、また（支配する）位《くらい》に座してイスラエルの十二の部族（全世界国民）をさばかせる（統治させる）であろう」（ルカ二二29〜30）。

「次の言葉は確実である。『もしわたしたちが、彼（キリスト）と共に死んだなら、また彼と共に生きるであろう。もし（この地上で）耐え忍ぶなら、彼と共に支配者となるであろう』」（Ⅱテモテ二11〜12）。

私たちが将来支配者となるのであるならば、この地上にいる間に、御心に沿った正しい支配ができるように、統治能力を高めておきたいものである。

千年期に進められる準備

死に至るまで忠実な（黙示録二10参照）聖徒たちによって、千年王国は神の義と秩序が実現するように支配される。神とキリストから委ねられた代理者として統治していく聖徒たちによって、千年王国は御旨に従って堅固に治められ、真の平和がもたらされるようになる。

それでは、委ねられた聖徒たちによる支配が進んでいる間に、王なるキリストは何をされるのであろうか。それは聖書に明確に書かれているわけではないが、救いの経綸の流れから考え、これから新天新地の神の御国が始まって人々が迎えられることになるので、次のことが推察できる。その裏付けとなる御言葉がこれである。すなわち、「彼は血染めの衣をまとい、その名は『神の言《ことば》』と呼ばれた。……その口からは、諸国民を打つために、鋭いつるぎが出ていた。彼は、鉄のつえをもって諸国民を治め」（同一九13、15）、「その着物にも、そのももにも、『王の王、主の主』という名がしるされていた」（同一九16）。

この御言葉は、次のように言っている。彼（キリスト）は十字架で流された血で染められた衣を身にまとい、贖罪が完成されたことを示していた。その名は、ヨハネが「言《ことば》は神

郵便はがき

恐縮ですが
切手を
おはりください

164-0001

東京都中野区中野 2-1-5

いのちのことば社

出版部行

ホームページアドレス　https://www.wlpm.or.jp/

お名前	フリガナ	性別	年齢	ご職業
ご住所	〒	Tel.　　　　(　　　　)		
所属(教団)教会名		牧師　伝道師　役員 神学生　CS教師　信徒　求道中 その他 該当の欄を○で囲んで下さい。		

WEBで簡単「愛読者フォーム」はこちらから!
https://www.wlpm.or.jp/pub/rd
簡単な入力で書籍へのご感想を投稿いただけます。
新刊・イベント情報を受け取れる、メールマガジンのご登録もしていただけます!

ご記入いただきました情報は、貴重なご意見として、主に今後の出版計画の参考にさせていただきます。その他、「いのちのことば社個人情報保護方針（https://www.wlpm.or.jp/about/privacy_p/）」に基づく範囲内で、各案内の発送などに利用させていただくことがあります。

いのちのことば社＊愛読者カード

本書をお買い上げいただき、ありがとうございました。
今後の出版企画の参考にさせていただきますので、
お手数ですが、ご記入の上、ご投函をお願いいたします。

書名

お買い上げの書店名

町
市　　　　　　　　　　　　書店

この本を何でお知りになりましたか。

1. 広告　いのちのことば、百万人の福音、クリスチャン新聞、成長、マナ、信徒の友、キリスト新聞、その他（　　　）
2. 書店で見て　3. 小社ホームページを見て　4. SNS（　　　）
5. 図書目録、パンフレットを見て　6. 人にすすめられて
7. 書評を見て（　　　）　8. プレゼントされた
9. その他（　　　）

この本についてのご感想。今後の小社出版物についてのご希望。

◆小社ホームページ、各種広告媒体などでご意見を匿名にて掲載させていただく場合がございます。

◆愛読者カードをお送り下さったことは（　ある　初めて　）
ご協力を感謝いたします。

出版情報誌　月刊「いのちのことば」定価88円（本体80円＋10%）

キリスト教会のホットな話題を提供!（特集）
いち早く書籍の情報をお届けします！（新刊案内・書評など）

□見本誌希望　□購読希望

と共にあった。言は神であった」（ヨハネ一1）と書いているように、「神の言」と呼ばれた。キリストの口からは鋭い剣《つるぎ》、すなわち神の御言葉（エペソ六17参照）が次々と出ていた。彼は、悪者のできそこないの陶器を粉々に砕くような鉄の杖（強固な権威権力）を持って、正しくさばき、また羊を導くように、諸国民を治められた。

このことから示されることは、千年王国での王としてのキリストは、これからやってくる新しいエルサレム（神の国）のための準備をされるということである。すなわち、諸国民を新天新地の市民にふさわしい者とするために、彼らの品性を整えることをされる。それをするために厳格な鉄の杖と、神の言である剣《つるぎ》をもって民を鍛え、さばき、導かれる。このキリストの指導によって、人々の信仰は堅く純粋に整えられ、神の御前に出ても責められることのないような、清い品性（Ⅰテサロニケ三13参照）を持ったクリスチャンへと準備される。

ゴグ、マゴグの戦い

新天新地の到来が間近に迫って、千年王国が終わりに近づくと、ゴグ、マゴグの戦いと言われる最後の戦いがある。それが、次のように書かれている。

「千年の期間が終ると、サタンはその獄から解放される。……ゴグ、マゴグを惑わし、彼らを戦いのために召集する」（黙示録二〇7〜8）。

この戦いは長期に及ぶ一進一退のものではない。短期間の戦いであって、最後に神による天からの火が下ってきて、一瞬に滅ぼされて終わる。それは次のように書かれている。

「彼（御使い）は、悪魔でありサタンである龍……を……千年の期間が終るまで、諸国民を惑わすことがないようにしておいた。その後、しばらくの間（短期間）だけ解放されることになっていた」（同二〇2〜3）。

「千年の期間が終ると、サタンは……諸国民、すなわちゴグ、マゴグを……召集（し）……聖徒たちの陣営と愛されている都とを包囲した。すると、天から火が下ってきて、彼らを焼き尽くした」（同二〇7〜9）。

そして彼らはゲヘナ（地獄）へ投げ込まれ、二度と出てこられなくされた。すなわち、

「彼らを惑わした悪魔は、火と硫黄との池に投げ込まれた。そこには、獣もにせ預言者もいて、彼らは世々限りなく日夜、苦しめられる」（同二〇10）。

このゴグ、マゴグによる戦いは、旧約聖書のエゼキエル書に、次のように預言されていた。

「主なる神は言われる。その日、すなわちゴグがイスラエルの地に攻め入る日に、わが怒りは現れる。……わたし（神）はゴグに対し、すべての恐れを呼びよせる。……わたしはみなぎる雨と、ひょうと、火と、硫黄とを、彼とその軍隊および彼と共におる多くの民の上に降らせる」（エゼキエル三八18、21〜22）。

「主なる神は言われる、見よ、これは来る、必ず成就する。これはわたしが言った日である」（同三九8）。

それでは、このゴグ、マゴグとは何であろうか。創世記の記述によると、「ヤペテの子孫は、ゴメル、マゴグ、マダイ、……」（創世一〇2）とあるように、マゴグはあの箱舟のノアの子ヤペテの子孫である。また、エゼキエル書を見ると、「人の子よ、メセクとトバルの大君《おおきみ》であるマゴグの地のゴグに……言え」（エゼキエル三八2〜3）とあるように、ゴグは地名がマゴグという地域の王であって、民であるメセクとトバルを治めていたことが分かる。

このゴグとマゴグが、後期ユダヤ黙示文学の時代になって、悪の勢力を象徴するところのものとして呼称されるようになった。

ところで、「ハルマゲドンの戦い」という言葉を時々聞くことがある。このハルマゲドンとは、「メギドの丘」という意味であって、ガリラヤ湖西南のメギドの前に広がる平原が、しばしば戦いがくりひろげられる古戦場であるとして知られていた。このことから「ハルマゲドンの戦い」の呼称はきている。ハルマゲドンの戦いは、上述したゴグ、マゴグの戦いと同じであると見てよい。

なぜなら、ハルマゲドンの戦いについては、次のように書かれており、その内容をよく見ると、右記黙示録二〇章7～9節に符号して、ゴグ、マゴグの戦いに極似しているからである。すなわち、「三つの霊は、ヘブル語でハルマゲドンという所に、王たちを召集した」（黙示録一六16）、「これらは、しるしを行う悪霊の霊であって、全世界の王たちのところに行き、彼らを召集したが、それは、全能なる神の大いなる日に、戦いをするためであった」（同一六14）。

ゴグ、マゴグの戦いのように、現代においても悪は、これが最後かと思って悪《わる》あがきし、暴れ回る。しかし、最終的には神の審きを受けて、この世から絶滅させられる。そして地獄に閉じ込められ、二度と地上に出てこられなくされ、永遠の苦しみを受け続けることになる。

悪の最後を知って、私たちは耐え忍んで、勝利を得つつ進んでいきたい。

からだを与えられる復活を待つ

復活に与《あずか》らせていただけるとして、どんな体の自分に甦らせていただきたいだろうか。老年で死ぬ人も幼児のうちに死ぬ人もあろう。肢体のどこかに障害があったり、病気がちという人もあろう。そのような死んだ時と同じ体、同じ状態というのでは嫌《いや》だというのが本音のところであろう。しかし、心配は全くご無用。神が私たちを甦らせてくださる時には、最底でも五体満足で、私たちの最盛期のからだに甦らせてくださる。さらに言えば、自分が自分でないほどに、神の栄光に与らせていただいているからだに、甦らせていただける。

このことを以下に確認する前に、「栄化」ということを先に明確にしておこう。救いの三段階である新生↓聖化↓栄化の「栄化」とは、神の国に住むために、私たちが神から霊のからだに甦らされ、神の聖・義・愛の栄光を身に受けて、キリストに似た徳の高い者に造り変えられることである。それはピリピ書に次のように書いてある。「彼（キリスト）は、……わたしたちの卑しいからだを、ご自身の栄光のからだと同じかたちに変えて下さる」（ピリピ三21）。

さて、目が霞んで、耳が遠くなり、硬い物も食べられなくなった老人の姿に、誰も甦りたいとは思わないであろう。また、未だ何も経験していない幼児で、社会に出るには大いに不安を感じるような状態でも甦りたくないであろう。手足の一部が損傷したり、持病を長年かかえているような不自由な体の自分には甦りたくない。これらのことは、神は十分にご存じである。天の父は、私たちを甦らせてくださる際には、私たちが最も盛んに活動できる、若やいだ青・壮年のような状態で復活させてくださる。

神は甦らせる時に、「弱った者には力を与え、勢いのない者には強さを増し加えられる」（イザヤ四〇29）し、ヨブに告げられたように、「神は彼をあわれんで言われる、『……彼の肉を幼な子の肉よりもみずみずしくならせ、彼を若い時の元気に帰らせ（る）』」（ヨブ三三24～25）。甦らされた者の中には、「わずか数日で死ぬみどりごと、おのが命の日を満たさない老人とは、もはやその中にいない。百歳で死ぬ者も、なお若い者とせられ」（イザヤ六五20）るのである。「天に属するからだもあれば、地に属するからだもある」（Ⅰコリント一五40）ように、礼拝、賛美、奉仕などの活発な活動をする神の国に住むために、それに相応しい、神の国に住むからだに甦らせてくださる。

死んだ時と同じ状態ではなく、若やいだ健かな活力溢れるからだに甦らせていただけるので、「こうしてあなたは若返って、わしのように新たになる」（詩篇一〇三5）。また、「わしのように翼をはって、のぼることができる。走っても疲れることなく、歩いても弱ることはない」（イザヤ四〇31）ように甦らされる。

本当にそのようなからだに甦らせていただけるのであろうか。大丈夫！　甦らされた霊のからだについては、パウロは啓示を受けて、次のように確信して言っている。「死人の復活も、……朽ちるものでまかれ、朽ちないものによみがえ（る）」、「卑しいもので まかれ、栄光あるものによみがえ（る）」、「弱いものでまかれ、強いものによみがえ（る）」、「肉のからだでまかれ、霊のからだによみがえるのである」（Ⅰコリント一五42〜44）。「わたしたちは、（この地上で）土に属している形をとっているのと同様に、また天に属している形をとる」（同一五49）。「わたしたちはみな……栄光から栄光へと、主と同じ姿に変えられていく」（Ⅱコリント三18）。

私たちは、これらのことを知らないだけである。経験していないから、理解しにくいだけである。頑健な霊のからだに甦らされることを、未だ経験していないので、そうなるのか自信を持てないでいる。その例が、母の胎内にいる幼子に言える。彼はこの地上のことを未経験でわずかなことさえ知らない。知らないからと言って、無いわけではない。事実としてある。地上の世界はこういうものだと説明されても、未だ見ていないので理解できない。分からないのだから信じようがない。だが、胎から出てこの世に生まれ出てみると、そのとおりであることを知る。

胎児と同じ状況にある私たちは、それではどのようにしたら確信できるであろうか。まだ見ていない真実は、信仰の目で見て確認することができる（ヘブル一一1参照）。主イエスがトマスに言われたように、「信じない者にならないで、信じる者になる」（ヨハネ二〇27参照）ことが重要である。

甦りの時には、その人の最高の機能が発揮できるような、最善のからだを与えられる。栄化されて神の栄光に与った霊のからだが与えられる。これを固く信じて、新たな力を与えられつつ、期待しながら復活を待ちたい。

第五章

最後の審判

「死んでいた者が、大いなる者も小さき者も共に、御座の前に立っているのが見えた。かずかずの書物が開かれたが、もう一つの書物が開かれた。これはいのちの書であった。死人はそのしわざに応じ、この書物に書かれていることにしたがって、さばかれた。」（ヨハネの黙示録二〇12）

最後の審判の始まり

この地上からサタンがいなくなるとは、どういうことを意味するだろうか。サタンとは訴える者であり、神にその人の悪のあることないことを訴えて、その人の活動意欲を奪う者である。サタンのもう一つの働きは、アダムとエバへそうしたように、悪へ誘い込むことである。人を誘惑して、何とか悪業を行わせようとし、誘いに乗ってその人が悪をした途端に、「だから言っただろう。お前にはそんな善をする力なんかない。もともと悪をする人間なのだよ」と、その人に自信をなくさせ、その結果として、その人を自分の勢力圏内に組み入れ、悪の手下《てした》にしてしまう。

ところが、千年期が終わる頃には、サタンはその手下どもすべてを含めて絶滅させられ、この地上からは一掃される。その結果、人はサタンから自由にされ、自信を取り戻し、良心は解放されて、神の聖と義と愛に生きるようになる。

サタンと手下の悪霊どもがゲヘナへ送られるとすぐに、新天新地の神の国が来るというわけではない。その前に、人が生きている間に天の御国へ入るのに相応《ふさわ》しい信仰生活をし、真摯で敬虔な信仰を持つようになり、また、神の国の住人になるのに適した品性へと成長しているかを見極める、最後の審判がある。

最後の審判で、神の判定と裁決によって右に分けられた者は、天の御国へ行くことになり、左へ分けられた者は、地獄へ送り込まれることになる（マタイ二五31〜46参照）。主イエスが予告されていたことが、ここで現実となるわけである。

神とキリストの導きに従って、聖と義と愛に満ちた生活をしてきた者は、天国の喜びを与えられるようになる。これとは反対に、生涯の最後まで福音に耳を貸さず、神に聞き従おうとはせずに、不信と反逆をしてきた者は、地獄の極苦へ送り込まれることになる。

「一度だけ死ぬことと、死んだ後《あと》さばきを受けることが、人間に定まっている」（ヘブル九27）ことを知っておきたい。

最後の審判があることの度重なる予告

「最後の審判があるなんて、知らなかった」というような言い訳は通らない。決して聞き入れられない。なぜなら、最後の審判があることは、左記に示すように、たびたび主イエスから予告され、警告されてきたからである。バプテスマのヨハネでさえ、次のように最後の審判があることを預言していた、「このかた（わたしのあとから来るイエス・キリスト）は、聖霊と火とによっておまえたちにバプテスマをお授けになるであろう。また、箕《み》を手に持って、打ち場の麦をふるい分け（最後の審判で判別し）、（実質のある）麦は倉（天国）に納め、（内実のない）からは消えない（地獄の）火で焼き捨てるであろう」（マタイ三11〜12）と。

主イエスは、最後の審判について、例えば毒麦の譬《たとえ》をもって、次のように予告されていた。

「天国は、良い種を自分の畑にまいておいた人のようなものである。人々が（安穏として）眠っている間に敵（サタン）がきて、麦の中に毒麦をまいて立ち去った。芽がはえて出て実を結ぶと、同時に毒麦もあらわれてきた。……収穫（最期の審判）まで、両方とも育つままにして（放置して）おけ。収穫の時になったら、刈る者に、まず毒麦を集めて束にして（地獄の火で）焼き、麦の方は集めて倉に入れてくれ、と言いつけよう」（同一三24〜26、30）。

「だから、毒麦が集められて火で焼かれるように、世の終り（終末）にもそのとおりになるであろう。……そのとき、義人たちは彼らの父（神）の御国で、（喜びのあまり）太陽のように輝きわたるであろう」（同一三40、43）。

主イエスは、別の箇所で次のようにも警告された。「（異教の）ニネベの人々が、……さばきの場に立って、彼ら（あなたがたを含めた悔い改めなかった人たち）を罪に定めるであろう。なぜなら、ニネベの人々は（イスラエル人の）ヨナの宣教によって悔い改めたからである。しかし見よ、ヨナにまさる者がここにいる」（同一二41）。すなわち、これによって次のように言われたわけである。「ヨナの宣教の言葉によって、チグリス川沿いの町ニネベの人々は悔い改めた（ヨナ三5参照）。この人々が終末時にキリストと共に審きの座に就く。彼らは、福音を聞いても信じなかった人たちを審き、罪に定める。しかし、神の真理を伝えたヨナよりももっと優れた者、すなわちキリストである私が今ここに立っていることに目を大きく開きなさい」。

また、こうも言われた。「南の女王が……彼ら（信じ、悔い改めなかった者たち）を罪に定めるであろう。なぜなら、彼女はソロモンの知恵を聞くために地の果てから、はるばるき（て、神を受け入れ）たからである（列王上一一1～10参照）。しかし見よ、ソロモンにまさる者がここにいる」（マタイ一二42）。このことによって主イエスは、次のことを告げられた。すなわち、「ソロモンの知恵を聞いて、その背後におられる神を受け入れた女王が、終末時には審判の席に就いて、福音に従わなかった人々を罪に定める。しかし、このソロモンよりもまさった者（キリスト）が今ここにいることに、よくよく注意しなさい」。

主イエスがこのようにヨナやソロモンのことを引き合いに出して語られたのは、ニネベの人々やシバの女王が審きの席に座ることに目を向けさせようとしたためではない。最後の審判が必ずあること、そしてヨナやソロモンよりも格段に勝《すぐ》れた、審判者となるキリストが目の前にいる、ということに聴衆の意識を集中させて、目醒めさせるためであった。

誰が審判するのか

「死んでいた者が、大いなる者も小さき者も共に、御座の前に立っているのが見えた。……死人はそのしわざに応じ（て）、……さばかれた」（黙示録二〇12）とある。誰がこのさばきを行うのであろうか。当然「神である」という答えが多いであろう。ところが、本当の答えは「父なる神とキリスト」である。両者がさばきをされる。これを御言葉によって確認してみよう。

私が企業トップであった時、私が事業でこれからすることを計画し、指示し命令した。その指示によって工場長や部課長は、命令に従い、その内容の細部にわたって実行・展開していった。最後の審判におけるさばきも、同じようなものである。父なる神が計画され、実行を指示される。そのご意志にしたがって御子キリストが執行される。これは救いについても同様であった。天の父が人類の救いを意図され、御子キリストがその執行のために派遣され、救いの経綸が展開されていった。最後の審判も同様に進められる。

「わたしたちはみな、神のさばきの座の前に立つのである」（ローマ一四10）とあるとおり、最後の審判において神からの審きを受ける。さばきの実行は、全権を委ねられたイエス・キリストが執行する。「子にさばきを行う権威をお与えになった」（ヨハネ五27）とあるとおりである。「イエスご自身が生者と死者との審判者として神に定められたかたである」（使徒一〇42）。

神は審判の座に着き、ご自身が定めた審判が御旨どおりに進められるかどうかを見守られる。イエス・キリストは、委ねられた全権をもってさばきを執行し、進められる。

「父は（ご自身では）だれをもさばかない。さばきの（執行の）ことはすべて、子にゆだねられたからである」（ヨハネ五22）。

「神は、義をもってこの世界をさばくためその日（審判の日）を定め、お選びになったかた（御子キリスト）によってそれ（審判）を（最後まで完全に）なし遂げようとされている」（使徒一七31）。だから、「わたし（キリスト）は、天においても地においても、いっさいの権威を授けられた」（マタイ二八18）ことにしたがって、審判執行を進める。

右記に示したように、最後の審判は、天の父と御子キリストによって実行される。

どんな人も最後は救われるのか

万人救済主義なる主張があることを知っている。彼らは言う、「神は愛である。だから最後の審判によって永遠にゲヘナ（地獄）へ送り込まれて苦しむなんて考えられない。ゲヘナへ送り込まれても、彼らは気が付き、悔い改めて、最終的には救われるのだ。ゲヘナは試練の場であり、救いへの一ステップである。神はすべての人が救われることを望んでおられるのだから」と。

この主張をする人々が根本的に間違っていることがある。神への理解である。神がどのようなお方なのか、それを代表して表す神の属性には三つあって、その一つが愛である。愛の根底には聖があり、その聖から愛も義も派生してくる、ということを見落としている。

確かに「神は愛である」（Iヨハネ四8）。だが、この愛が出てくる根元には、神が聖であるということを認識しておかなければならない。「わたしは聖なる者である」（レビ一一45）と再三にわたって、神は人類へ告げられている。だからペテロも、「聖書に、『わたし（神）が聖なる者であるから、あなたがたも聖なる者になるべきである』と書いてある」（Iペテロ一16）と強く勧告した。

神は義なる方でもある。絶対的な義《ただ》しさをご自身の属性として持っておられる方である。神が全く純粋で何の汚れもない聖《きよ》いお方であるから、悪というような汚点はいっさいなく、正しさだけがあり、超絶した義しさを持たれている方である。この義しさがあるからこそ、悪に対しては激しく怒り、悪が存在しないようにするために、一掃するさばきを行われる。

愛も聖から出てくるものであって、汚れて神の怒りの下《もと》にある者を、ただ裁いて滅ぼしてしまうということをする前に、あわれみを傾けて、聖と義に近づける者にしてあげ、滅ぼされなくてもよい者にしてあげようとされる。そのいつくしみの心から神としての愛が出てくる。その人の品性が、悔い改めて聖と義に近づく者には、神の恵みを施してあげようとされる。これが神の愛である。

聖と義と愛に近づく機会と期間を、何度も長期にわたって人類に与え続けて、神は人が神に帰ってくることを待たれている。しかし、どんなに機会と期間を与えて待ち続けても、帰ってこない者には、神は聖に基づき、義によってさばきを実行される。万人救済主義者はこのことを見落としている。最終的には聖だけが立つということを強く認識しなければならない。「キリストは神に立てられて、……義と聖と（愛としての）あがないとになられた」（Ⅰコリント一30）と明記されていることを忘れてはならない。神に近づかない者は、永遠に滅ぼされるのである。

どんなに警告と教示と導きを与えて待っても、神を拒絶し、不義と不従順を続ける人々に対しては、御子は最後には、「生きている者と死んだ者とをさばくべきキリスト・イエス」（IIテモテ四1）として来られる。そして、キリストは最後の審判を実行される。

すべての人の第二の復活

死んだ人が甦る復活には三種類ある、ということは前記した（一三七頁参照）。それは「義人の復活」と「第一の復活」と「第二の復活」である。最後の審判を受けるために復活させられるのが、「第二の復活」である。その前にある「義人の復活」は、大患難が始まる前にキリストが空中再臨されて、敬虔な信仰を持って生活した人や殉教させられた義人と評される人々が甦る復活である（Ⅰテサロニケ四16参照）。次にある「第一の復活」（黙示録二〇5〜6）は、キリストが地上再臨されて千年王国が始まる時に、その支配者として甦らされる聖徒たちの復活である。この二つの復活に与《あずか》ることができなかった、残りの人々全員の復活が「第二の復活」と称されるものである。「それ以外の死人は、千年の期間が終（って、最後の審判が始ま）るまで生きかえらなかった」（同二〇5）、「死んでいた者が、大いなる者も小さき者も共に、御座の前に立ってい……た」（同二〇12）。この記述に該当する人々の復活が「第二の復活」である。

「第二の復活」は、本人の意向や願望によらない。審判を受けたくないから復活させないでくれと言っても、それは聞き入れられず、誰もが審決を受けるために復活させられる。

復活した人は誰もが例外なく、一人ひとりが神の前に立って審きを受ける。各自おのおのが地上に生きていた間になした行状や、発言した内容・主張、また思ったり考えたり企《くわだ》てたり、願望した思念にしたがって、神の審きを受ける。その判決によって、人は神の国へ行くか地獄へ落とされるかのどちらかが決定される。この審きと裁定は、「義人の復活」をした人も「第一の復活」をした人も対象となって審かれる。

この復活と審きがあることは、主イエスが昇天される前に、私たちに、次のように警告されていたことが実行されることである。すなわち、

「墓の中にいる者たちがみな神の子の声を聞き、善をおこなった人々は、（永遠の）生命を受けるためによみがえり、悪をおこなった人々は、さばきを受けるために（そして地獄へ行くために）よみがえって、それぞれ出てくる時が来る」（ヨハネ五28〜29）。

この予告は主イエスが最初に言われたことではない。もっと古く旧約聖書の時代から、「死んでもその後に復活があって、行き先が二手《ふたて》に分かれる」と預言されていた。すなわち「地のちりの中に眠っている者のうち、多くの者は目をさますでしょう。そのうち永遠の生命にいたる者もあり、また恥と、限りなき恥辱をうける者もあるでしょう」（ダニエル一二2）というようにである。

死人を出す海や死

死人はどこから復活させられてくるのか。それに関し、分かりにくい記述がある。「海はその中にいる死人を出し、死も黄泉もその中にいる死人を出し、そして、おのおのそのしわざに応じて、さばきを受けた」(黙示録二〇13)と記されている。海はかつて海で遭難死した人々を出すと言っているのであろうか。死が死人を出すとはどういうことだろうか。

分りやすいほうから先に解説してみよう。「黄泉《よみ》が死人を出す」ことは難解なことではなく、すぐに納得できる。あの金持ちとラザロの譬《たとえ》(ルカ一六16〜26参照)のように、生前に無慈悲で自堕落な生活をしていた金持ちは、死んだ後に苦痛の黄泉に送られた。これとは対照的に、貧しく病に苦しみつつも、信仰を持って生活したラザロは、アブラハムのふところと言われるパラダイスへ送られた。ここに示されている金持ちのように、神の御心には無頓着で、不幸な隣人が側にいても目もくれず、富に飽かせて自分だけ毎日遊び暮らしているような人は、死後には黄泉に送られる。その黄泉で、最後の審判があるまで、苦しみながら待つことになる。このような人々が審判のある直前になって、黄泉から吐き出され、いやが上にも復活させられて審判を受ける。

次に、「死も……死人を出し」（黙示録二〇13）と書かれていることであるが、この死とは何のことであろうか。どんな死が審判のために死人を出すのであろうか。それには右記のラザロを思い出せばよい。「死と黄泉」と書かれているので、この死とは、黄泉と対極にあるパラダイスに関係しているのではないかと推察することは難《かた》くない。すなわち、この死とは、パラダイスに行った人々の死のことで、この世に生きている間に神を信じ、神とキリストに従って、聖霊に導かれつつ生活し、パラダイスへ送られた人々の死のことである。このような信仰篤《あつ》き歩みを続けた者は、死後にはパラダイスへ送られて、復活を待っている。その待っている間でも、彼らには新天新地行きの希望があって、喜んでいる。

それでは、最後に残った「その中にいる死人を出した海」（同二〇13）の海とは何であろうか。海に死人が保管されているわけではないから、海とは比喩的に、あるいは象徴的に表現された場所のことではないか、と想像することができる。

この「海」をアウグスチヌスは、「この世のことである」と解釈している。これは彼の著になる『神の国』第二〇巻第一五章に書いてある。※それによると、この世は海にも似て、荒々しい風波の危難が常に隣り合わせにあり、安心を約束することなく、ちょっとでも気を許せば不幸へと落とし入れる。そんな海にも似たこの世が、肉体的には生きているが霊的には死んでしまっている死人を、神の前に差し出す、というわけである。

以上述べたことは各説あって、それぞれの解釈があろう。アウグスチヌスの解釈も一つの案内にはなる。過去の多くの知恵にも助けられながら、黙示録を読み進めたい。

※『アウグスティヌス著作集15「神の国(5)」』（教文館、一九九四年）、一四一〜一四二頁。

審判前の嘆きと賛美

最後の審判が始まる前には、賛美あるいは嘆きがある。神を称《たた》えて賛美するのは、信心を篤《あつ》くしてきた人たちである。御名を畏《おそ》れつつ神を敬う人々には、報いが与えられるからである。悲嘆し泣き叫ぶのは、神に反逆してきた人々である。暴虐をもって世を席巻してきた人々には、極苦の滅亡が待っているからである。

最後の審判のためにイエス・キリストは再び来られ、神と共に審きの座に着座されている。その目的は次のように表現されている。

「(悪をなした) 諸国民は怒り狂いましたが、あなたも (聖憤をもって) 怒りをあらわにされました。そして、(最後の審判において) 死人をさばき、あなたの (従順な) 僕《しもべ》なる預言者、聖徒、小さき者も、大いなる者も、すべて御名をおそれる者たちに報いを与え、また、地を滅ぼす者どもを (地獄送りによって) 滅ぼして下さる時がきました」(黙示録一一18)。

最後の審判を前にして、驚き嘆き、恐怖に怯《おび》える人たちというのは、イエス・キリストを刺し通した者たちである。「彼を刺しとおした者たちは、……彼のゆえに胸を打って嘆く」（同一7）ことになる。この刺し通すというのは、キリストを十字架につけて、槍で胸を刺し通したローマ兵のことだけを言っているのではない。イエスの福音を拒絶し、教導に逆らい、胸を刺し貫くような悲しみをイエスに与えた人々のことも言っている。彼らにとって最後の審判は、「その日は怒りの日、なやみと苦しみの日、荒れ、また滅びる日、暗く、薄暗い日、雲と黒雲の日」（ゼパニヤ一15）となる。

これとは対照的に、審判の日には、嘆くどころか歓喜のうちに神を称え、賛美する声もある。彼らは両手を高く上げて、次のように歌う。

「全能者にして主なる神よ。あなたのみわざは、大いなる、また驚くべきものであります。万民の王よ、あなたの道は正しく、かつ真実であります。主よ、あなたをおそれず、御名をほめたたえない者が、ありましょうか。あなただけが聖なるかたであり、あらゆる国民はきて、あなたを伏し拝むでしょう。あなたの正しいさばきが、あらわれるに至ったからであります」（黙示録一五3〜4）。

嘆き悲しむ人は、この段階に至って、気付き反省し、怯《おび》えても、もうそれは遅い。それが許されている期間は、すでに終わって閉じられた。この最後の審判に至る時までに、神はどれだけ門を広く開けて待たれ、忍耐し続けられたことであろうか。

審きの対象と基準

最後の審判では、私たちのなしたどのようなことに対して審かれるのであろうか。何を基準にして審かれるのであろうか。そのヒントは「かずかずの書物」(黙示録二〇12)にある。

その書物は大別して三種類ある。一つは、その人の行った行状、すなわち生きている間にその人が行った言行や思念が漏れなく記されている記録帳である。二つ目は、御国の国籍簿である「いのちの書」(同二〇12)である。三つ目は、判定の基準が明記されている聖書そのものである。「死人はそのしわざに応じ、こ(れら)の書物に書かれていることにしたがって、さばかれ」(同二〇12)ることになる。

審きを受ける人は、人類の古今東西すべての人々である。例外はない。「大いなる人」すなわち、皇帝、法皇、国王、領主、首相、社長など権力を持った者、および学識や業績によって大いなる名声や高い名誉を与えられた者、また、「小さき者」すなわち、名もなく世の片隅で貧しく困窮にあえいだり、虐待や迫害によって苦しみ、悲痛な声さえ上げられなかった人、幼児や子どもの弱小なうちに死んだ者など、「大いなる者も小さき者も共に、（神の）御座の前に立って」（同二〇12）、神の審きを受けることになる。

審きの対象となるその人の生前の行状については、捏造されることも偽証されることもない。その人の生まれてから現在までの、あるいは死んだ時までの間のすべての詳細な行いや企《くわだ》ての記録によって審かれる。その記録の内容は、その人の言行や思念だけでなく、どんな感情を持ったかまでが記録されている。詩人が次のように詠《うた》ったようにである。

「あなたはわたしのさすらいを数えられました。わたしの涙をあなたの皮袋にたくわえてください。これは皆あなたの書にしるされているではありませんか」（詩篇五六8）。

御国の国籍簿に相当する「いのちの書」については、古くから次のように認識され、証言し、告白されてきた。モーセは、「今もしあなた（神）が、彼らの罪をゆるされますならば――。しかし、もしかなわなければ、どうぞあなたが書きしるされたふみから、わたしの名を消し去ってください」（出エジプト三二32）と言って願い、神と民の間を執り成した。また、ある詩人は、自分を迫害する者があるので、「彼らをいのちの書から消し去って、義人のうちに記録されることのないようにしてください」（詩篇六九28）と祈った。

さらに、主イエスは弟子たちに、「しかし、霊があなたがたに服従することを喜ぶな。むしろ、あなたがたの名が天にしるされていることを喜びなさい」（ルカ一〇20）と教えられた。このように昔から知られて言及されてきた「いのちの書」であるが、「このいのちの書に名がしるされていない者はみな、火の池（である地獄）に投げ込まれ（る）」（黙示録二〇15）ことになる。

行状が審かれる時の、その判定基準となるものは、聖書である。聖書に記述して教えられた、聖書が明示している神の言葉を基準にして、人は審かれる。このことは、主イエスが次のようにはっきりと言われている。「わたしの言葉を受けいれない人には、その人をさばくものがある。わたしの語ったその言葉が、終りの日にその人をさばく」（ヨハネ一二48）。

以上のように、重要なことはすべて聖書に書かれている。聖書の言っていることをよく学んで、最後の審判に備えていきたい。

御国へ入れない者

どんな人が天の御国に入れなくなるのか。自分はそれに該当しないか。ちょっと心配なので、それを知っておきたい。幸いにも、天国へ入れない種類の人が列記されている聖書箇所がある。「……する者は、いずれも神の国をつぐことはない」（Ｉコリント六10）と明記されている。それを以下に確認してみよう。

(a)不品行な者――性的興味に捕らわれて、姦淫や婚外性交など、みだらな性的行為を行う者。

(b)偶像礼拝する者――それが有形であれ無形であれ、神以外のものを神として拝み、崇める者。

(c)盗む者――本来は他人の所有である事物を、不当に奪い取って自分のものにする者。その奪う対象は物財や金銭に限らない。他人の時間やほかの人の相互愛なども含まれる。

(d)貪欲な者――飽きることを知らずに、際限なく、何でも自分のものにしたがる者。

(e)泥酔する者――自分を失うほど深酒し、周囲の人々にひどい迷惑をかけたり、他人や家族に危害を加えたりする者。
(f)そしる者――あることないことを関係する人々に悪く言いふらし、多くの悪口で人を傷付ける者。
このような人は、最後の審判で審かれ、神の国には入《はい》れず、地獄送りとされる。それが次のように書かれている。

「正しくない者が神の国をつぐことはないのを、知らないのか。まちがってはいけない。不品行な者、偶像を礼拝する者、姦淫をする者、男娼となる者、男色をする者、盗む者、貪欲な者、酒に酔う者、そしる者、略奪する者は、いずれも神の国をつぐことはない」(同六9〜10)。

要するに、聖・義・愛なる神の前にあって、その基準に照らして正しくない者は、審判によって裁定され、御国に入ることはできなくなる。

主に認められる行為

信仰義認だけが神に受け入れられ、行為義認は神から忌み嫌われて斥《しりぞ》けられる、というのが正統信仰の根幹である。それなのに、神の審きは、なぜ「そのしわざに応じて、さばきを受けた」（黙示録二〇13）とあり、各自がなした行為によって審かれるのだろうか。

その答えは、信仰はそこから出てくる行為を見れば、どんな信仰かが分かるからである。その信仰が神に喜ばれる純粋で真摯な信仰なのかどうかは、その信仰から生じてくる行動や言葉によって判定できるからである。主イエスも次のように言われた。「悪い実のなる良い木はないし、また良い実のなる悪い木もない。木はそれぞれ、その実でわかる」（ルカ六43〜44）。神につながっているぶどうの枝は、必ず良い実を結ぶ（ヨハネ一五5参照）。神の根と幹から神の滋養をふんだんに受けて、必ず霊的に良い実（行為や品性）を結ぶからである。

信仰の良し悪しや質は、そこから出てくる行いによって証明される。だからヤコブも次のように言っている。「信仰も、それと同様に、行いを伴わなければ、それだけでは死んだものである。……ああ、愚かな人よ。行いを伴わない信仰のむなしいことを知りたいのか。……彼（アブラハム）においては、信仰が行いと共に働き、その行いによって信仰が全うされ（た）」（ヤコブ二17、20、22）。

間違えてならないことは、同じ行いであっても、信仰の原因にしようとしての行いは斥けられるが、信仰の結果として出てくる行いは神に受け入れられる、ということである。何かを行うことによって、その功績で神に認められようとする、原因としての行いは、行為義認となってしまい、これは神から排斥される。しかし、信仰することから自然に出てくる、聖《きよ》く義《ただ》しく深い愛の行為というものは、信仰の結果として出てきた言動であって、これは神に重んぜられることであり、信仰義認とされる。

ところで、受け入れられる言動と言っても、その行為が意識的なものであったらなら、神に好感は持たれない、ということも知っておく必要がある。その行いが神に認められて、「そのことは、私がいつしましたか」（マタイ二五37〜39参照）と問い返すほどに、無意識的になされた善行為でないといけない。主イエスも、「右手の行ったことを左手に知らせてはならない」（同六3参照）とさえ言われた。右手から左手に行く間に通る脳や胸に、その行為が意識として留まるようであってはならない、と言われたわけである。

意識してなされた行為は、栄光を神に帰すのではなく、「それは私がやった」と自分を誇り、自分に栄光を帰す自己義認になってしまっているからである。すなわち、意識的になされた行いは、信仰義認には遠く、行為義認に近くなる。

神が評価してくださるような善い行いは、主イエスに従って歩む敬虔な信仰から、ごく自然に無意識的に出てくるものである。信仰から出てくる行いというものは、たとえそれが、「善き僕よ」（同二五21参照）と神から評価されても、「すべき事をしたに過ぎません」（ルカ一七10）と遜り、「これができたのは、わたしと共にあった神の恵みによる」（Ⅰコリント一五10参照）と、栄光を神に帰すものである。

このような良い行いが自然と出てくるような、真摯な信仰を持ち続けていきたい。

隠れた思いへの審き

神の前で審かれる事柄は、その人のすべてである。行ったこと、話したことはもちろんである。その他に、思ったこと、念じたこと、企《くわだ》てたことなど、外に現れずに心の中で精神的になした行いについてでもある。さらには、その人には記憶がなく無意識的に思い浮かべたことでさえ、明るみに出されて問われる。神は「人の心の奥底までも探り知る者」(黙示録二23)であり、全知だからである。

その人の審かれる行状や思念のすべては、それが他人に知られていることか、人には知られずに隠れて行われたことかは関係がない。「隠れているもので、知られてこないものはない。だから、あなたがたが暗やみで言ったことは、なんでもみな明るみで聞かれ、密室で耳にささやいたことは、屋根に上で言いひろめられるであろう」(ルカ一二2~3)とある。パウロも言う、「これらのことは、……神がキリスト・イエスによって人々の隠れた事がらをさばかれるその日に、明らかにされる」(ローマ二16)と。

それが善いことであれ悪いことであれ、審きの日には、「隠れた事を見ておられるあなたの父(神)は、報いてくださる」(マタイ六4)と、主イエスは言われた。この隠れた事とは、他人に知られずに自分の心の中だけで考え、計画したことでさえ、神には知られていて審かれる。神は「心の中で企てられていることを、あらわにされる」（Ⅰコリント四5）からである。

このように、

「神のみまえには、あらわでない被造物はひとつもなく、すべてのものは、神の目には裸であり、あらわにされているのである。……（だから）わたしたちは（最後の審判において、各自それぞれが、自分の行状や感情についてまでも）言い開きをしなくてはならない」（ヘブル四13）。

神が審きで問われることとは、その行状や思念の結果ではない。その行いや思いがどこから出てきたのかの動機である。「わたし（神）が見るところは人と異なる。人は（外面に出た）外の顔かたちを見（るが）、主は心を見」（サムエル上一六7）られるからである。そのことを神の栄光のためにしようとしたのか（Ⅰコリント一〇31参照）、それとも自分の利益や功績のためにしようとしたのか、の動機を見られる。

そして、神が評価の対象として問われることとは、その行状や思念の成果ではなく、そのことを成し遂げようとして注いだ熱意の有無とその多寡であり、定めた目標が何であるか、神を愛し、人を愛するため（マタイ二二37〜39参照）などの、尊い価値ある目的のために、そのことをしようとしたのかである。それは、五タラント、二タラント、一タラントの譬《たとえ》（同二五14〜30参照）で、主がどのような評価をされたのかを見れば明確である。

判定基準は信仰

神の超絶的な聖と義とを満たすほどの人は、人類にはひとりとしていない。被造物にして卑小な人間の実態は、この神の前にあっては、「義人はいない、ひとりもいない」（ローマ三10）のである。「すべての人は罪を犯したため、神の栄光を受けられなくなって」（同三23）いるというのが実状である。

だから、どんなに人が動機を良くして熱意を高く持ったとしても、そこから出てくる行状や思念によって、神の国へ入るという資格を勝ち取ることはできない。それでは、何が御国へ入れる許可を付与するのだろうか。それは神の恵みである。人を愛しあわれむ、神の慈しみ深い恵みである。

そうだとして、御国入国の恵みを神から無条件に与えられるのか、というとそれも違う。恵みが付与されるには、付与可否の判定基準がある。その判定基準がその人の信仰とその内容である。内容については、特に救い主イエスへの信仰、すなわち主イエスが贖罪してくださったこと、十字架上で流してくださった血によって罪赦されたこと、その血によって品性がきよめられたこと、イエスの復活によって永遠の命が約束されたことを信じる信仰が確実にあるかどうかである。

この信仰が有るか無いかを見て、神は御国入国という恵みの付与を判定される。キリストの十字架による救いと復活の信仰を見て、神はその人を義とし、神の国へ入る許可を与えられる。

「彼らは、価なしに、神の恵みにより、キリスト・イエスによるあがないによって義とされるのである」（同三24）。

御国入国の判定基準は、その人のなした行いではなく、その人の持つ信仰内容である。このことは、業績主義の現代の世界に生き、結果の良し悪しで報酬が決まるという、因果応報的な考え方と生活に慣れている人々にとっては、理解に苦しむ、受け入れ難いことであるかもしれない。しかし、入国許可が因果応報的ではなく、正しい信仰の有無という基準が採られる理由は、与えられる賜物が、人間的な業績とは比べものにならないほどに大きく豊かな神の恵みが、与えられるというところにある。

その恵みがどれほど大きなものであるかを私たちはまだ見ていないし、経験もしていない。御国へ入った時に、どんなに豊かなものなのかを知らされるであろう。次の御言葉にあるように、私たちがまだ見たことも聞いたこともなく、思い浮かびもしないほどの偉大な恵みが用意されているとのことである。

「目がまだ見ず、耳がまだ聞かず、

人の心に思い浮びもしなかったことを、

神は、ご自分を愛する者たちのために備えられた」（Ⅰコリント二9）。

御国入国の可否の審決は、その人の行状や思念を判定した後に、正しい信仰の有無によって決定される。これに耐えられるように、信仰生活を続けていきたい。

地獄行きの恐れは不要

キリスト者が偉大であるのは、その人が何か偉大な事をしたからではない。キリストがその人に御目《おんめ》を止めてくださったからである。御目を止めていただくことによって、神の莫大な恵みを受けることのできる偉大な者にされたからである。私たちも、あのザアカイのように、見ず知らずの一介の見物人のような者が、キリストに目を止めていただくことによって（ルカ一九5参照）、神の家族、神の子とさせていただくことができた。

世には、主イエスに御目を止めていただいたがゆえに、偉大な人物にさせていただいた者が多くいる。例えばその一人がペテロである。「イエスは彼に目をとめて言われた。『あなたはヨハネの子シモンである。あなたをケパ（〔ギリシヤ語に〕訳せばペテロ）と呼ぶことにする』」（ヨハネ一42）。ガリラヤ湖の一漁師にすぎなかったシモンが（マタイ四18参照）、主イエスに御目を止めていただくことによって、魚ではなく人間を漁《すなど》る漁師にされて（同四19参照）、歴史と聖書に残る十二使徒の一人として偉大な人物に仕立てられていった。このように、神の御子イエスに目を止めていただける人は幸いである。

自分には何の価値も功績もないのに、一方的に神の子のほうから近寄って来てくださり、御目を止めて、受ける資格の全くない自分に、恵みとしての神の祝福を注いでくださる。これが慈しみ深い神の愛というものである。私たちに求められることは、「我らに罪を犯す者を、我らがゆるすごとく、我らの罪をもゆるしたまえ」と遜《へりくだ》ることであり、これを実行して、「我らの日用の糧を今日も与えたまえ」と請い願い、「国と力と栄えとは汝のものなればなり」と、神に栄光を帰し、神を称《たた》えることだけである。

このような真摯で敬虔な信仰だけが、御国へ入れていただける審決を受けることができる。主イエスが言われたように、「自分を捨て、自分の十字架を負うて、わたし（キリスト）に従って（くるならば）……自分の命を……見出す」（マタイ一六24〜25）ことになる。

完璧な行いができるならばそれに越したことはない。しかし、行いの完璧さは私たちに要求されていない。私たちが行いを完全にしようと心で決めても、実際にはそれができない、というのが私たちの実態であり、人間の弱さである。私たちは原罪を身に帯びており、善いことをしたいとの思いは熱くあっても、力量がそれに伴わず、人間的な限界の内に閉じ込められている。天の父は、それを十分にご存じであり、私たちを憐れんでくださる。だからこそ、御国入国の許可は、(行状は一応見て判断するが）基本的には、その人の信仰の状態を見て判定し、与えてくださる。聖書にもそのように明記されている。「あなたがたの救われたのは、実に、恵みにより、信仰によるのである。それは、あなたがた自身から出たものではなく、神の賜物である。決して行いによるのではない」（エペソ二8〜9）。

私たちは、善行への熱意と努力をもって、神を愛し、隣り人を愛することに努める。しかし、それが完璧でなくても、天の御国へ入れないのではないかと心配する必要は全くない。天の父は、信仰における神への忠実度と、それを行おうとする過程での熱心の程度で判定してくださる。この信仰さえあれば、地獄行きの心配は不要であり、最後の審判を恐れることも全く必要ない。

キリストの執り成しによる御国行き

自分に対するキリストの救いのための贖いはもう済んで終わったのではないか。私たちの罪をキリストご自身が代わって負うという贖いは、私たちが悔い改めて新生した時に完了し、すでに終わったのではないか。そのように考える人もあろう。しかし、答えは「まだ終わっていない」である。もし終わってしまっていたなら、次の記述はないはずである。

「キリストもまた、多くの人の罪を負うために、一度だけご自身を（贖罪として）ささげられた後、彼を待ち望んでいる人々に、（新生の時の）罪を負うためではなしに（再臨によって）二度目に現れて、（より完全に近づく）救いを与えられるのである」（ヘブル九28）。また、こうも書かれている。「この聖霊は、わたしたちが神の国をつぐことの保証であって、やがて神につける者が（新生の時に受けた贖いにさらに加えて）全くあがなわれ、（御国へ入った後に）神の栄光をほめたたえるに至るためである」（エペソ一14）。

それでは、キリスト再臨後にある最後の審判で、どのようにして主キリストは、ご自身の贖いの業《わざ》を進め、私たちの救いが完成するようにしてくださるのであろうか。それは最後の審判において、神に対して私たちを弁護し、「御国に入れるようにしてあげてください。永遠の命が受けられるようにしてあげてください」と、執り成してくださることによってである。

その執り成しで、仲保者キリストは、審判の御座におられる天の父に対し、次のように弁明してくださるであろう。「父よ、彼らをおゆるしください（ルカ二三34）。この者はわたしの福音を信じ、自分を捨てて、自分の十字架を負い、わたしに従ってきました（マタイ一六24）。ですからわたしは、わたしの贖いを与え、新生の道を歩ませました。わたしの血によってきよめた（Ⅰヨハネ一7）とは言え、まだまだこの者は不十分で罪多い者です。この後もわたしが責任を持って、この者が成長していくように導きます（ルカ一三8）。ですから、どうかわたしに免じてこの者を赦《ゆる》し、御国に永遠に住めるようにしてあげてください」。

このような救い主キリストの、最後の審判における神への執り成しによって、私たちは御国入国が許可されるであろう。それだけでなく、その後に私たちは、イエス・キリストと共に、御国の富の相続人とされる（ローマ八16～17参照）幸いを与えられるであろう。

第六章
地獄の状況

「そして、彼らを惑わした悪魔は、火と硫黄との池に投げ込まれた。そこには、獣もにせ預言者もいて、彼らは世々限りなく日夜、苦しめられるのである。」

「それから、死も黄泉も火の池に投げ込まれた。この火の池が第二の死である。」(ヨハネの黙示録二〇10、14)

どんな人が地獄行きなのか

「第二の死」というものがある。この死は、死んで何もかもがなくなる絶滅の死ではない。火と硫黄《いおう》が燃え盛る地獄で、永遠に極苦にさいなまれる、という死である。「死も黄泉《よみ》も火の池に投げ込まれた。この火の池が第二の死である」（黙示録二〇14）と書かれている死である。

この第二の死として地獄（ゲヘナ）へ突き落とされる者は、どんなものであろうか。まずは、人を惑わし、人に不幸を与え続けた悪魔である。次に、獣と言われた残虐非道な権力者や、嘘や虚偽の預言をした預言者もそこに落とされる（同二〇10参照）。

続いて、第二の死である地獄送りの者が、どんな者たちなのか、その一覧表が黙示録二一章8節に書いてある。それを見てみよう。それによると、地獄送りになる者は、

①臆病な者（信仰を持つことによって非難を受けたり、迫害されるのではないかと、びくびくして恐れる者）

②信じない者（キリストの福音を決して信じようとはせず、神の招きを拒絶する者）

③忌むべき者（忌み嫌われるような汚らわしいことを喜んでする者）

④人殺し（実際に人の命を奪って殺人をする者、言葉や感情によって他人をひどく傷付け、その人が死にたいと思うほどの精神状態に追い込む者。「馬鹿者！」とののしる者もこの人殺しに入る［マタイ五22参照］）

⑤姦淫を行う者（強姦や浮気などによって婚外性交を行う者）

⑥まじないをする者（神へ祈るのではなく、神を排除して、呪術や占卜《せんぼく》などによって祈禱する者）

⑦偶像を拝む者（それが有形か無形かにかかわらず、神の代わりに自分の願望するものを心の王座に据えて、それを礼拝し、それに仕える者）

⑧偽りを言う者（真実とはかけ離れた嘘や偽りごとを、人を騙《だま》そうとして語る者）

神の前に①～⑧に示すような悪事をなした者は、天の御国に入れず、地獄へ落とされる。さらに加えて、天の国籍簿である「いのちの書」に名前が登録されていない者も、地獄送りの第二の死となる。すなわち、「このいのちの書に名がしるされていない者はみな、火の池に投げ込まれた」（黙示録二〇15）とあるとおりである。

ゲヘナへ送り込まれないために、右記のどれにも該当しない者でありたい。

なくなる死と黄泉

どんな人が地獄送りになるのかを右記したが、そこにもう一つ付け加えるものがある。死と黄泉《よみ》である。ちょっと不思議に思い、なぜだろうと首をかしげたくなるのだが、「死も黄泉も火の池に投げ込まれた」（黙示録二〇14）と書いてある。

なぜ、死と黄泉が地獄の永遠の第二の死へ投げ込まれて、存在しなくなるのだろうか。それは新天新地が始まってからは、人には絶滅の死というものがなくなるからである。永遠の命が与えられて、人には死がなくなり、不要になるからである。また、黄泉というのは、この世で不信仰と悪事をなして死んだ人が、最後の審判が始まるまで待機して待つ中間状態であったが、黄泉へ送ってくるこの世そのものがなくなり、この世から黄泉に送られてくる人々がなくなったからである。また、新天新地では義《ただ》しい人とか愛情深い人とか聖徒と称される、永遠の命を持った人々が住むようになっており、悪事がなされることはなく、死んで審きを受けるために待つという場所の必要が全くなくなるからである。だから、死も黄泉も一掃して処分され、なくなってしまう。

このことによって、パウロが叙述したことが成就する。すなわち、

「最後の敵として滅ぼされるのが、死である」（Ｉコリント一五26）。

そして、次のことが実現する。

「もはや、死もなく、悲しみも、叫びも、痛みもない。先のもの（不幸を与えてきた全ての事柄）が、すでに過ぎ去ったからである」（黙示録二一4）。

この段階まで来ると、確実に次のように賛美されることになる。「死は勝利にのまれてしまった。死よ、おまえの勝利は、どこにあるのか。死よ、おまえのとげは、どこにあるのか」（Ｉコリント一五55）。そしてすべてものが新しくされ、「見よ、わたし（神）はすべてのものを新たにする」（黙示録二一5）ことが現実となる。新天新地の到来である。

死ぬことさえできない地獄苦

地獄（ゲヘナ）へ送り込まれた者が受ける苦しみは、死ぬことさえできないほどの苦しみである。火と硫黄とに焼かれる極苦が続くので、死にたい、すべてを終わりにしたいと願っても、死ぬことさえ許されず、永遠の極苦の中に放置される苦しみである。

日常において人は、耐えられないほどの苦しみに長期間曝《さら》されたなら、死んでしまったほうがよい、死にたいと思うであろう。だが地獄においては、死は取り上げられており、すべてのことが絶無になるだろうと想像する人の死はなく、取り去られている。願って死を選んだとしても、死のほうがその人から逃げて行ってしまう。「その時には、人々は死を求めても与えられず、死にたいと願っても、死は逃げて行くのである」（黙示録九6）と記述されているとおりである。

このことから考えられることは、現在私たちが苦痛から解放されて死ぬことができるということは、わずかばかりかもしれないが、残されている神による憐《あわれ》みである。ゲヘナにおいては、この少しばかりの憐みさえ取り除かれてなくなっており、ただただ極苦の中に、永遠に苦しむという状況に置かれるだけになる。

　このようになるのは、最後まで神に逆らい、キリストの恵み深い贖いと救いの提供を拒絶し、神と御子の救いのご計画を信じようとせず、聖霊の導きに従おうとしなかったことへの報いである。必要なすべてを備えて、長年にわたって待ちに待っても、それでも応じようとせず、自分の意志で神へ来ることを拒んだ者へは、死さえも逃れていく地獄の極苦が待っている。このような厳格無比な審きが人々に与えられるのは、絶対的な聖と義である神が、激しい怒りの審きとして下されるからである。

永遠に続く極苦

地獄の状況がどんなものかは、旧約聖書のイザヤ書にも預言されていた。

「わたし（神）にそむいた（反逆した）人々のしかばね（死体）を見る。（死体に取り付いた）そのうじは（いつまでも残って）死なず、（地獄の）その火は（永遠に）消えることがない」（イザヤ六六24）。

なぜ悪人の死体には蛆虫《うじむし》が取り付いて、離れず、死体に食いついて穴を開け、その穴を出入りするのであろうか。それは地獄へ落とされるような人は、心も体も腐肉のように腐敗しており、汚れて悪臭を放っているからである。このことを主イエスは象徴して、次のように言われ、弟子たちを諭された。

「地獄では、うじがつきず、火も消えることがない」（マルコ九44）。

このような腐肉には、火が燃えついて焦がし続け、骨が粉々になるほどに焼き続ける。それでも人は死ぬことも許されず、終わりのない極苦の中で苦しみ続けることになる。主イエスが言われたように「火は消えることがない」のである。

私たちの罪の身代わりとして、キリストが十字架上で受けた苦しみは、一言《ひとこと》で言えば、これ以上ない悶絶の苦しみである。釘で打ち貫かれた掌《てのひら》の肉は自重で裂け、激痛からくる全身の痙攣で息もまともにできず、窒息死寸前の苦しみである。血漿と血清が分離するほどの極苦である。この激苦を、本来は私たち自身が受けなければならなかった。しかし、主イエスが私たちに代わって負ってくださった。私たちはこの極苦を負うことをまぬがれ、自分では受けなくてよい者にされた。

だがしかし、主イエスの招きを拒絶して、地獄へ落とされることになった者は、神からの刑罰としてのこの極苦を、自分で負わなければならない。イエス・キリストが引き受けてくださるとの招きを、自分で断ったからである。

神の怒りに触れた者は、主イエスが十字架上で負われた激苦以上の極苦を、自らひとりで永遠に負い続けねばならなくなる。

自分の選んだ道とは言え、地獄の極苦はどんな耐え難いものであろうか。

異なる報い

天の御国に行く者も、また地獄へ行って極苦を受ける者も、報いには違いがあって、誰も同じ一様なものではなく、段階がある、ということをご存じだろうか。

「天国とはこういうものである」ということを、主イエスが話された時に、一ミナで十ミナを儲けた者は、天国で十の町を支配する者とされ、同じ一ミナで五ミナを儲けた者は、同じく御国で五つの町を管理する頭《かしら》とされた（ルカ一九13〜19参照）。このように天の御国へ行って支配するようになる者でも、生前のその働きによって報いは異なる。

これは天国へ入る者の報いの違いである。同じく、地獄へ行って極苦を受けるその懲罰の大きさにも段階的な相違がある、ということを主は別の譬《たとえ》をもって話された。すなわち、再臨までの間に、全財産を管理するように家令に任せて、帰ってきた主人が、その家令が召使いたちを打ちたたいたり、自分は飲み食い酔っぱらっているのを見つけたならば、この家令を厳罰に処する。その罰の大小には違いがあって、「主人のこころ（意向）を知っていながら、それに従って用意もせず勤めもしなかった僕《しもべ》は、多くむち打たれるであろう。しかし、（主人の意向がどんなものであるかの本意を十分に理解せず）知らずに打たれるようなことをした者は、打たれ方が少ないだろう」（ルカ一二47〜48）と教示された。

　以上のように、天の御国で受ける報いも、地獄で受ける処罰にも、程度の相違があって、自分が受けるその大きさは異なる。それは、最後の審判の時に執行される事柄であるとして、次のように明確に記されている。「死人はそのしわざに応じ、この書物に書かれていることにしたがって、さばかれた」（黙示録二〇12）、「そして、おのおのそのしわざに応じて、さばきを受けた」（同二〇13）。

　このように、私たち各自は、生前になしたそのしわざの善悪の大小、深浅に応じて、審決の内容が異なり、報いを受けたり処罰を受けたりすることになる。

極苦の永遠の刑罰というのは不当か

人生という限定された期間内に犯した罪に対して、極苦を永遠に与えるなんて、不公平で不当である、と異議を唱える者がいるかも知れない。しかし、そのように不平を言う人が間違っていることがある。神が厳罰を与えられるのは、その人が犯した行いに対してではなく、行いは参考的に判定するのであって、本意は不信仰という信仰的問題である。全知全能の神に対して犯した不信と不敬に対してである、ということを見落としている。

人が人に対して犯した罪であるならば、せめて「目には目を、歯には歯を」（出エジプト二一24、マタイ五38）というように、課される罰は、同等かそれを超えないものであろう。しかし、神が最後の審判でさばかれる対象は、聖にして全能なる神に対して、不遜にも犯した罪なのである。

神は人の基準によってではなく、神ご自身の基準で審かれる。神の超絶と絶大さの基準によって審かれる。それだけに、審決は絶大で厳しい。そうであるから、獄苦でありかつ永遠である刑罰の神の判決は、決して不公平でも不当でもない。

処罰だけを見ているから、不当という異議が出てくる。恵みというものに目を向けるならば、これも不当と言えるほどの大きなものである。恵みとして神の報いは絶大である。神からの恵みは、受ける価値が全くない者へ、思いも及ばないほどの莫大な祝福を、ただ一方的に与えられるものである。人はこれに対しては不公平だと異議を申し立てない。感謝して受領するだけである。このように、地獄の極苦というものは、神の恵みの対極にあるもので、それだけに処罰は厳しい。

永遠の極苦が待っているということは、今になって急に知らされたことではない。旧約時代を含めた数千年の前から、預言者や宣教者を通して、あるいは聖書によって、世界中の人々に十分に知らされてきたことである。また、それなりの警告も与えられてきた。だから、神の言《ことば》に耳を傾けることをせずに、最後の審判の時になって、永遠の地獄行きの審決を受けたとしても、その責任を神に問うことはできない。自分で負わざるを得ない責務である。

こうならないためにも、私たちは神が教示される言葉に耳をそば立てて聞き、聖書の警告に目を見開いて、堅く確認しつつ、行動していかなければならない。

第七章　新天新地の様子

「人の目から涙を全くぬぐいとって下さる。もはや、死もなく、悲しみも、叫びも、痛みもない。先のものが、すでに過ぎ去ったからである。」（ヨハネの黙示録二一4）

実現した神の国

最後の審判が終わると、罪が全く取り除かれて、きよめられた新しい世界が来る。神が支配する新天新地である。天国とも言われる（マタイ七21参照）神の御国である。

この天の御国が来るまでの経過を、もう一度振り返ってみると、罪悪が罰せられて滅ぼされ、汚れのいっさいが一掃されるために、神の審きとしての大患難があった。この前後についてペテロは、次のように言っている。

「ただ、ひとりも滅びることがなく、すべての者が悔改めに至ることを（神は）望み、あなたがたに対してながく忍耐しておられるのである。しかし、主の日は盗人《ぬすびと》のように襲って来る。その日には、天は大音響をたてて消え去り、天体は焼けくずれ、地とその上に造り出されたものも、みな焼きつくされるであろう。このように、これらはみなくずれ落ちていくものであるから、神の日の到来を熱心に待ち望んでいるあなたがたは、極力、きよく信心深い行いをしていなければならない。その日には、天は燃えくずれ、天体は焼けうせてしまう。しかし、わたしたちは、神の約束に従って、義の住む新しい天と新しい地とを待ち望んでいる」（Ⅱペテロ三9～13）。

ペテロの言葉のとおり、大患難の後に、続いて新天新地が来る。「夫のために着飾った花嫁のように用意をととのえて、神のもとを出て、天から下って来る」（黙示録二一2）。この新天新地は、ヘブル人への手紙に、「あなたがたが近づいているのは、……生ける神の都、天にあるエルサレム」（ヘブル一二22）であると預言されていた神の都である。

この神の都は、「新しいエルサレム」（黙示録二一2）と称され、この「エルサレム」は、ヘブル書に「天に登録されている長子たちの教会」（ヘブル一二23）とあるように、聖徒たちが集まる教会のことである。教会の本来の意味は、堂ではなく会であって、建物のことではなく、聖徒たちの群れの集まりのことである。そのように、御国の新しいエルサレムは、真摯な信仰を持った敬虔なクリスチャンたちの集合体である。

ここに集まる聖徒たちは、復活後に栄化されて、霊のからだが与えられている（Iコリント一五44参照）。

新天新地の様子

天のエルサレム（教会）に集まっている人々には、悲哀や苦痛、死などといったものがいっさいない。そのような悲哀や苦痛の根底には、多くの場合、罪が横たわっているものであるが、彼らはきよめられていて罪がないからである。それ以上に神の恵みが彼らを覆い、神の大いなる憐《あわれ》みが彼らを癒やしているからである。したがって彼らは、涙が全くぬぐいさられており、「（命を脅かすような）死もなく、悲しみも、（助けを求める）叫びも、（肉体的なあるいは精神的な）痛みもない」（黙示録二一4）、このような者にされている。

天の御国は、「（従来の）天は燃えくずれ、天体は焼けうせ（た後に）、新しい天と新しい地」（Ⅱペテロ三12〜13参照）として来るので、その新しく来る神の国がどんな様子の所なのかは想像がつかない。私たちが知っている天と地は、日々生活しているこの地上に関係したことでしかないので、神が新しく与えてくださる御国がどのようなものなのか、考えも及ばない。復活後に与えられる「霊のからだ」（Ⅰコリント一五44）がどんなものであるのか、想像つかないのと同じようにである。

それでも、天の御国がどのようなものなのかは、黙示録に象徴的に書かれているので、少しは分かる。それによると、そこは「花嫁のように着飾ってととのえられている」(黙示録二一2)とのことであり、また、数々の宝石や金や真珠のようなものでできている(同二一11〜21参照)という。しかもその御国は、完全を意味する「長さ、幅、高さが同じ直方体」(同二一16)であるとのことである。その御国には、「いのちの水の川が流れていて、川の両側にはいのちの木があって、十二種の実が毎月みのり、その木の葉は、諸国民をいやす」(同二二1〜2参照)とある。そうであるから天の御国は、さぞかし美しく、緑豊かで、神的高貴さが漂い、平和な憩いが覆う整然とした所なのであろう。

このような豊かな御国においては、神が共にいてくださり(同二一3)、神と小羊キリストが都のあかりとなって、明るく照らしていてくださる(同二一22〜24)。ということは、これはまさにあのエデンの園の再来であると言える。いや、それ以上かもしれない。「わたし(神)は(神殿である)幕屋をあなたがたのうちに建て、……わたしはあなたがたの神となり、あなたがたはわたしの民となるであろう」(レビ二六11〜12)との預言が実現したことになる。

このように実現したことは、神による「救いの経綸」の目的であったし、その目的が神のご計画したご意志どおりに成就し、完成したことである。

「救いの経綸」の成就は、天地創造を初めとし、神の国の実現を目的とした神の大計画の終結であり、その完成は、「わたしは最初であり、最後である」（黙示録二二13参照）と神が言われている事柄の一部である。

最後は無でなく有

終末の最後がなぜ絶滅ではなく、新天新地なのであろうか。なぜすべてのものがなくなって、存在するものが皆無になるのではなく、新しくされた世界が登場するのであろうか。その理由の根本は、神が有《ゆう》であるからである。神は無《む》ではなく、「有って有る者」（出エジプト三14）だからである。ご自身が有って有る者であるので、同じく他のものも有ることを当然のこととされる。唯我独尊的にご自身だけが孤立して有ることを望まれない。だから、この宇宙に対し、ご自身が最初になされたことは、天地創造であった（創世一1）。天と地を創って、そこに存在すべきものを創造し、それを御心に適う所へ配置して、存在するようにされた。このご意志は終末においても変わらない。

終末が無で終わらずに、有で終わるようにされた、もう一つの理由は、神ご自身がその属性として愛を持っておられるからである。愛は、他の存在があって、その存在との関係の中で生まれ育《はぐく》まれる。他の存在と意志の交流をするところに愛の交わりがあり、対象物との間に愛が存在していることが明らかになる。

愛なる神が終末の最後に、存在するもののすべてを絶滅させて無を迎えるようにしてしまったら、愛の交流はできなくなり、愛の機能は消滅してしまう。ご自身の聖に適う存在物があってこそ、愛の交わりはできるし、ご自身の喜びも満たされる。だから天の父は、終末の最後には、新天新地が存在するようにされた。そして、そこに生きるものとの親しい交わりを持てるようにされた。

神は、新天新地の神の国に存在するようになった者へは、愛の対象として喜んでご自身の慈《いつくし》みと憐《あわれ》みをふんだんに注がれる。神と共に居る者へは、ご自身の聖なる光と栄えとを、限りなく降り注がれる。

右に述べたように、神にとっての永遠の最後が絶滅ではなく、新天新地の到来であり、神の国の出現であることは、神の有と愛という神の本質から来るものである。決して黙示録記者の楽観的推測によるものではない。無にすることは神ご自身の存在を否定することになり、最終が絶滅であることはあり得ない。永遠の最後は、全てのものが神の祝福の下にある存在となる。

預言が実現した神の国

本文を執筆している私の書斎机の前壁には、金縁《きんぶち》の大きな額に入った、中世のエジンバラ城のエッチング画が掛かっている。それは、庶民家の煙突から白煙が立ち昇る広い街路の奥の岩山上に、要塞とも五階建てのホテルとも見える白い城館が建つ構図である。これは、私が英国を北から南へ旅行している時に、エジンバラ旧市街の散策中に、ふと立ち寄ったアンティーク絵画店で見つけたものである。目にした途端、天から下ってくる神の国はこんな様相なのではないかと胸がときめき、ためらわずすぐに購入した。それ以来、この降りて来る新天新地のような画は、毎日私に眺めさせ、祈りで目を上げるたびに私を喜ばせてくれるようになった。

「聖なる都が……神のもとを出て、天から下ってくる」（黙示録二一2）、このような御国がどのような様相をした所であって、この都をどんなにか天の父が喜ばれているかを、黙示録が記される八百年以上も前に、イザヤが、次のように預言して書いている。

「見よ、わたし（神）は新しい天と、新しい地とを創造する。さきの事はおぼえられることなく、心に思い起すことはない。しかし、あなたがたはわたしの創造するものにより、とこしえに楽しみ、喜びを得よ。見よ、わたしはエルサレム（神の国）を造って喜びとし、その民を楽しみとする。わたしはエルサレムを喜び、わが民を楽しむ。泣く声と叫ぶ声は再びその中に聞えることはない」（イザヤ六五17～19）。

このイザヤ書に書かれているように、神は新天新地が実現したことを、大いに喜ばれる。天の父が喜ばれるからこそ、そこに住む聖徒たちにはますますの歓喜が満ち、至福がある。かつて歴史上に繰り広げられた悲惨や虐待はもはやなく、死や病や貧困によって悲嘆に暮れることもない。そこにあるのは永遠の命と、神からの豊かな祝福だけである。人々は新しく到来した御国で、心おきなく、礼拝と賛美を献げ続けることになる。

第八章　天の御国の確立

「水晶のように輝いているいのちの水の川をわたしに見せてくれた。この川は、神と小羊の御座から出て、都の大通りの中央を流れている。川の両側にはいのちの木があって、十二種の実を結び、その実は毎月みのり、その木の葉は諸国民をいやす。……あかりも太陽も光も、いらない。主なる神が彼らを照らし、そして、彼らは世々限りなく支配する。」（ヨハネの黙示録二二1〜2、5）

天の御国の状況

新天新地として到来した神の御国は、どんな様子の所であろうか。その詳細はこの後に順次見ていくことにするが、黙示録二二章に記述されていることだけを先に取り上げてみる。

場所的な状況としては、

①そこは、水晶のように透明に光り輝くいのちの水の川が流れている（黙示録二二1）。

②その川は、都の大通りの中央を流れている（同二二2）。

③その川の両岸にはいのちが木がたくさん植えられている（同二二2）。

④そのいのちの木は十二種の実を結び、しかもその実は毎月稔る（同二二2）。

⑤そのいのちの木は葉の緑が多く繁っているので、人々の目を楽しませてくれるだけでなく、葉陰が人々を覆い、目も身も癒やしてくれる。エゼキエル書には薬草にもなると書いてある（左記）。

⑥神と小羊があかりとなって、神の栄光が都を明るく照すので、従来のようには灯も太陽の光も要らなくなっている（同二一23、二二5）。

この①～⑤のことは、昔エゼキエルが次のように預言していたことと符合する。

「川のかたわら、その岸のこなたかなたに、食物となる各種の木が育つ。その葉は枯れず、その実は絶えず、月ごとに新しい実がなる。これはその水が聖所から流れ出るからである。その実は食用に供せられ、その葉は薬となる」（エゼキエル四七12）。

いのちの水の川が清く輝くように豊富に流れており、神と小羊の御座から流れ出ている（黙示録二二1）ということなので、この水晶のように純粋で透明な水というのは、聖霊のことである。人々はこの聖霊によって御国では守られ、豊かにされ、いのちを注がれつつ、導かれることになる。

そして、このいのちの木は、堕罪前の人アダムとエバが住むようにとして置かれた、あのエデンの園にもあった「命の木」（創世二9）である。彼らは神の意向に従わず、高慢にも神の上に出ようとして罪を犯し、この楽園を追い出された。そして、いのちの木から命を得ることができず、肉体的にも精神的にも死ぬ者になった。彼らは、この命の木から実を採って食べて永遠に生きる者にならないように、天使ケルビムと回る炎の剣が命の木を守るために置かれた（同三22～24参照）。

神の御国が到来して、このエデンの園は回復されることになった。そこには以前以上にいのちの木が数多くあり、人はそこからいのちを得られるようにされた。「勝利を得る者には、神のパラダイスにあるいのちの木の実を食べることをゆるそう」（黙示録二7）と神が宣言されたようにである。

この神の御国には、どのような人が住むようになるのだろうか。それは、神から聖徒であると認められ、信仰深い者であると保証された人々である。だからその証明として「彼の額には、御名がしるされている」（同二二4）。各個人の額に神の御名が「しるされている」ということは、記されていることであり、印されていることでもある。したがってこのしるしは、神のご意志としての、次のいろいろなことが表明されていることを意味する。

すなわち、

①この者は、神が所有する、神に所属する、神の家族である。
②神の前に、きよい者として認定された聖徒である。
③神から価値ある者と評価された、神にとっての大切な者である。
④神との関係が確立し、堅く結び合わされた者である。
⑤だから、神が慈しみ、恵みを与え続ける、神の愛する者である。

このように、クリスチャンの一人ひとりの額に御名がしるされるようになったのは、

「わたしは彼らの神となり、彼らはわたしの民となる」（Ⅱコリント六16、レビ二六12）ことが、ここに実現したからである。

このほかに、天の御国でなされることは、どんなことがあろうか。天国ではいろいろなことが人々によってなされるが、その中心的な事柄は礼拝である。「その僕たちは彼（神とキリスト）を礼拝し」（黙示録二二3）とあるとおりである。御国の住民は、神の前にあって神を崇め、称《たた》え、賛美を高らかにささげ、祈りを唱和するであろう。そしてさらに、「彼らは世々限りなく支配する」（同二二5）とあるように、御国を統治する働きをする。御国に住むようになった聖徒たちは、人々の活動が神の御旨のとおりに行われ、神の国に相応《ふさわ》しい秩序が保たれるように、キリストと共に協力して御国を統治することになる（Ⅱテモテ二12参照）。

太陽も神殿もない神の国

「神は光である」とは、聖書のどこに書いてあるのか思い出していただけるだろうか。「わたしは世の光である」、この聖句はすぐにあそこだと引き得るであろう。そう、前者は第一ヨハネ書一章5節、後者はヨハネ伝八章12節である。

光は神を表現して、神の性質と能力を言い表している。光はすべてのものを照らし、闇を追い出し、汚れたところを明らかにする。光は、生きとし生けるものの生長を促し、春や晴天で感じるような喜びを与える。光は、分解や殺菌の能力も持っており、生命誕生には不可欠であったとも言われる。最近は光ファイバー・ケーブルを使って情報を高速で伝える。聖霊はこれをする。

新天新地の神の国では、このような光が満ちて輝いている。だから「太陽も月も要らない。神の栄光が都を明るくし、小羊(キリスト)が都のあかりだからである」(黙示録二一23参照)。

光のない暗闇は危険であって、恐怖を覚える。だから昔、警戒・監視のために町を取り囲む城壁の上に立って、歩哨として寝ずの番をした番兵は、不安に包まれながら、早く夜が明けないかと待ち望んだ。敵が攻めてきた時に、最初にやられるのがこの見張り兵だったからである。闇夜にまぎれて城壁をよじ登り、忍び込んで来た敵兵から、一撃で背後を襲われ殺傷されるのが、この歩哨兵だった。

しかし、神の国にはこのような闇がない。「神の栄光が都を明るくし」(同二一23)、「主なる神が彼らを照(す)」(同二二5)からである。主イエスが言われた「わたしに従って来る者は、やみのうちを歩くことがなく、命の光をもつ」(ヨハネ八12)ことが実現している。

神の国には、この地上のこととは大きく異なる、もう一つの特徴がある。神殿がないのである。この地上では、神の名が置かれ、神を礼拝する場所として、世俗から分離された幕屋や神殿や教会堂があった。ところが天の御国では、このような礼拝堂がない。なぜなら、御国全体に遍《あまね》く神がおられて、天国全部が礼拝堂になっているからである。

天の御国では、どこででも人々は礼拝をささげ、賛美をし、祈りを積むことができる。「この都の中には聖所を見なかった。全能者にして主なる神と小羊とが、その聖所なのである」(黙示録二一22)とあるように、神の国全体が、神とキリストが遍在している、栄光に満ちた神殿都市なのである。

このような御国に早く住んでみたいものである。

神の国は都であって活発

神の国は「都」（黙示録二一22、23、24、25）であると表現されている。なぜ、牧歌的な田園地帯や樹木が豊かに繁った保養地のような所ではないのであろうか。

神の国が都である理由は、天の御国が持つ特徴にある。すなわちそこは、
①人々がたくさんいる。
②そこでは、人々によって活発な活動がなされている。
③互いに協力し合った共同生活が営まれている。
という都市的特徴を持っているからである。

「諸国民は都の光の中を（快活に）歩」いているし（同二一24）、「人々は、（活動の結果である）諸国民の光栄とほまれとをそこ（都）に携えて来」ている（同二一26）。

都なる神の国では、人々はそこで平和に暮らすとともに、互いに助け合い、認め合い、支え合って、調和した生活を営んでいる。そこに見られることは、心の一致と互いの協力とその間にある平和である。これは、神の国だからこそ生み出される美しさである。このようにまさしく、神の国は活力に満ち、愛で結ばれ支えられた、理想的都市であると言っ

てよい。

右に引いた御言葉に関連して、もう一つ言える天国についてのことを強調しておきたい。それは、御国の人々は、休息して静かに過ごしているのではないということである。御国の住民は、活力に溢《あふ》れて盛んに行動している。「諸国民は都の光の中を歩き、地の王たちは、（成果として獲得した）自分たちの光栄をそこに携えて来る」（同二一24）し、「人々は、（それぞれの活動で得た）諸国民の光栄とほまれとをそこに携えて来る」（同二一26）のである。

天国というと一般には、そこには永遠の安息があると考えがちであるが、神の国の安息は、何も活動せずに静かに体を休める休息のことではない。活発な活動によって、身も心も快活に楽しく活動して、充実している平安のことであり、そのことによって何の不足不安もなく、霊魂が喜びに満たされていることを言っている。

このような活動による平安が御国にはあるということを、イザヤは次のように表現している。

「わが民の命は、木の命のようになり、わが選んだ者は、その手のわざをながく楽しむからである。彼らの勤労はむだでなく、その生むところの子らは災《わざわい》にかからない。

彼らは主に祝福された者のすえであって、その子らも彼らと共におる」(イザヤ六五22〜23)。

神の都はさぞかし活力と喜びに満ちたところなのであろう。

栄光とは

黙示録二一章には、次の文言がある。

「都は、日や月がそれを照す必要がない。神の栄光が都を明るくし、小羊が都のあかりだからである」（黙示録二一23）。

ここに出てくる「栄光」という言葉は、旧約聖書にも新約聖書にもあちらこちらに出てくる。聖書語句辞典（コンコルダンス）を見ても、多くの書に書かれていることが紹介されている。例えば次のようにである。

「主の栄光がシナイ山の上にとどまり、雲は六日のあいだ、山をおおっていた」（出エジプト二四16）。

「いと高きところでは、神の栄光があるように、地の上では、み心にかなう人々に平和があるように」（ルカ二14）。

「飲むにも食べるにも、また何事をするにも、すべて神の栄光のためにすべきである」（Iコリント一〇31）。

「イエスは父なる神からほまれと栄光とをお受けになったが、その時、おごそかな栄光の中から次のようなみ声がかかったのである」（IIペテロ一17）。

それでは、この「栄光」とは何を意味するのか、どんなことを指して言っているのか、と問うと、「はて、何のことだろう」と答えに窮する場合が多い。栄光とは何のことを言い、どんな意味が込められているのだろうか、それを問うて、答えを明らかにしたいと思うのである。

栄光とは、一言《ひとこと》で簡単に言えば、読んで字のごとく、盛んな栄えの輝きである。それでも、この栄光という言葉を、人に使う場合と神に使う場合とでは、おのずとその指し示す内容が違ってくる。

「栄光」を人間に使った場合には、その人の繁栄ぶりを言い、富と権力の豊かさのことを言っている。社会的な地位が高く権威を持ち、所有している富財によって多方面に力を発揮し、多くの事柄を成し遂げ、威信と権力を持って、人々の上に立っている状況のことを言う。大王、皇帝などの状態を思い起こせばよい。

これに対し、この言葉を天の父や御子キリストに用いると、栄光のその意味は、右記の意味をいくぶん含みつつも、違っている。

主の栄光とは、一言で言えば「神の本質と属性の輝き」である。

神の本質とは、唯一であること（ヘブル二11、ヨハネ八41参照）と霊であること（Ⅱコリント三17、ヨハネ四24参照）である。そして、神の属性とは、自然的属性が全知、全能、遍在であることであり、道徳的属性が、聖であり義であり愛であることである。この本質と属性が、人間が想像することをはるかに超えて卓越しており、それが完全であり無限であって、それゆえに、神としての超越的な尊厳を備え持っておられる。

この神の栄光はどこに表されてくるかというと、神の臨在の様態の中に表されてくる。そして神の栄光は、どんな場面に現れて、人間に感知されるようになるのかというと、神が働いてなされる御業《みわざ》の中に現れる。創造とか救いとかさばき、あるいは奇跡といった御業の中に、神の栄光が現れる。

この神の栄光のもう一つの特徴は、不変であるということである。「主なるわたしは変ることがない」（マラキ三6）と言われ、「父には、変化とか回転の影とかいうものはない」（ヤコブ一17）と証言されている。このように、神は永久に不変であるからこそ、自存しているのであり、永遠存在なのである。不変にして栄光を備えておられる方であるから、神は人類に限らず万物に対して、ご自身の恵みを溢《あふ》れるほどに惜しみなく注いでくださる。

栄光から来る至福

前項によって、栄光が何であるかが分かると、次の御言葉が身近に感じてきて嬉しくなる。パウロは祈って言う。「あなたがたが神に召されていだいている望みがどんなものであるか、聖徒たちがつぐべき神の国がいかに栄光に富んだものであるか……を、あなたがたが知るように」（エペソ一18〜19）。

天の御国に入ったならば、私たちは右記したような神の栄光に包まれるのであり、この栄光の豊かさが、恵みとして限りなく降り注がれることになる。だから、「義人たちは彼らの父の御国で、太陽のように輝きわたる」（マタイ一三43）ことが、御国の住民には実現している。

御国では誰もが、歓喜に溢《あふ》れ、太陽のように輝きわたる笑顔と喜びに満たされており、神を称《たた》え、主を賛美する声が、高らかに響きわたっている。彼らは至福を味わい、幸いに満たされ、互いに深く愛し合い、自分が神の民となっていることに感謝しきれないほどの感激に浸っている。

しかも彼らは、高質、希少、純粋な宝石のようなもので造られた壮麗な都に住んでおり

（黙示録二二11参照）、豊かに流れる川の両岸には、葉が繁ったいのちの木がたくさん植えられていて、いつでもその実を食べられ、永遠の命が保証されている（同二二1～2参照）。

この神の都の住民には、涙がなく悲しみもなく、死があったことさえ遥か依然に記憶から消え去り、苦しみや嘆きの叫びはいつのことであったかと思い出すことも難しく、忘却の彼方へ忘れ去られている（同二一4参照）。

これらの至福を彼らに与えてくださるのは、天の父であり、その至福には、主の栄光から出る、神の光輝、荘厳、神聖、威光が満ちみちている。

天の御国のすばらしさは、人間の文字や言葉では表現しきれない。筆舌に尽くしがたいとは、こういうことを言うのであろう。

呪いからの解放

前記によって、神の栄光と天の御国のすばらしさについて、知識と感覚を新たにされたのだが、黙示録を読み進めている以上は、次の言葉にも触れて、避けることなく現実に引き戻されねばならない。すなわち、「のろわるべきものは、もはや何ひとつない」（黙示録二二3）との言葉である。

呪う、呪われる、あるいは呪いという言葉は、聞こえのいい言葉ではない。むしろ、心を暗くするような耳障りな言葉である。

さて、「呪い」とは、「相手の不幸を願う祈り」のことである。その対象が人であれ、物であれ、動植物であれ、土地であれ、その祈りの相手が幸福であることや順調に行っていることと、または繁栄していることを、快く思わずに嫌い、その対象が不幸になったり滅亡することを望んで祈ることである。

人がではなく神が呪うという場合がある。これは、神が人の不幸を望むということではなく、悪や罪を何もせずに放置しておくのではなく、悪や罪の対象を滅ぼしてなくそうとすることである。神の聖が踏みにじられていることを放置しておくことをせずに、神の義を実現しようとされることである。

神が天地万物を創造された時には、すべてがはなはだ良く、神はこれを喜ばれて休まれた（創世一31、二3参照）。ところが、この神の満足がいつの頃か、祝福から呪いに変わってしまった。そう、最初の人アダムとエバが、神の上に立って勝手気儘《きまま》に行動しようとして、神の言葉に従わない罪を犯した時からである（同三6、14、17参照）。この時以来、人はこの罪だけに止《とど》まらず、長年月の歴史を通して、神に呪われるべきことを重ね、現在も し続けている。自ら選んで不幸を自分の身に買い足している。神が呪う思いは増すばかりである。

この神の呪いから人と万物を解放しようと、天の父は御子を贖罪主として送ってこられた。御子の贖罪を信じて従う者をご自分の内に受け入れ、従わない者は終末の大患難によって滅ぼすことにされた。そして最後の審判で聖徒であると判定された者を御国に入れるようにし、反逆し続ける者を地獄へ送り込むこととされた。これによって「すべてのものは新たに」されたのであった（黙示録二一5参照）。新天新地の到来である。

神の国の実現によって、「のろわれるべきものは、もはや何ひとつなく」（同二二3）なった。そして、神の子たちの出現によって、滅びのなわめから解放されることを切に望んでいた被造物にも、栄光の自由に入ること（ローマ八19〜21参照）が叶えられることになった。

新天新地の到来前である現在のこの世では、動物さえも弱肉強食の殺し合いによって生命をつないでおり、人間も自分が食物とするものは、すべて野菜や果実などの植物にしろ、家畜や魚類などの動物にしろ、まだ生命があるものの命を奪って口に入れている。しかし、天の御国が到来すると、すべてのものが神のいのちによって生きるようになるので、死の法則から解放される。人間や動植物のすべてが、命を奪われるという恐怖や脅えから解き放たれて、もはやうめくことがなくなる。神の呪いが取り去られたからである。

喜びに溢れる生活

神の国においては、忌むべきものや汚れたものが全くなくなり（黙示録二一27参照）、すべてのものがきよいものとなる。それには二つの理由がある。

①一つは「神がすべてのものを新たにされた」（同二一5参照）からである。

②二つ目は、すべてのものと神が共におられて（同二一3参照）、すべてのものの内に神が内住してくださっているからである。

このように神の統治が御国全体に行き渡っている。

御国に存在するもののすべては、神の御旨と調和している。そうであるから、神と人、人と人との間は、神的と表現できるほどの純粋で崇高な愛によって結ばれており、人々は神の平安で満たされている。御国では、人々は歓喜と安らぎの憩いの中にあり、被造物のどれもが濃密な幸福に浸っている。

すべてのものが、汚れのない純粋なものとされているので、神の照らす栄光をいっぱいに反射し、それぞれが美しく輝いている。自らがこの御国に生きている、そのことを心から感激して喜び、神を賛美し続ける。

霊のからだを与えられて復活し、御国に入ることが許された人々は、その甦りの時に栄化されているので、彼らはキリストの似姿へと変えられている。主に似て高徳とされた人々は、もはや罪を犯すような可能性のいっさいが取り除かれているので、まさしく文字どおり聖徒となっている。この聖なる者たちは、神との正しい関係に入っており、信頼という絆によって堅く結ばれ、神の恵みをますます豊かに注がれている。

ということは、神が創造された時に、エデンの園で人と結ばれた関係以上のことが、ここに実現しており、神の初めのご計画が、神の国の到来として完全に成就していることになる。神の救いの経綸の完結である。

顔を見ながらお会いする

御国では、この地上で決して起こることのなかったことが起こる。神とキリストの御顔を拝見する、拝見して礼拝する、ということである。「神と小羊との御座は都の中にあり、その僕《しもべ》たちは彼を礼拝し、御顔を仰ぎ見る」（黙示録二二2～3）とあるとおりである。天の父と救い主キリストは、どんな顔をされているのであろうか。多くの画家が描いてきたような顔をされているのであろうか。私たちはその時、自分はどんな様相をしてお会いするのであろうか。

「神を見た者はまだひとりもいない。ただ父のふところにいるひとり子なる神だけが、神をあらわしたのである」（ヨハネ一18）と言われたことは真実である。神の顔を見ないだけではなく、この地上では、神の顔を見た者は死ぬとさえ言われてきた。十戒を授けられたモーセでさえ、シナイ山頂で一対一でお会いした時には、「あなたはわたしの顔を見ることはできない。わたしを見て、なお生きている人はいないからである」（出エジプト三三20）と言われた。信仰の父アブラハムがアブラハム契約を受ける時にも、神の声を聞き、臨在の煙は見たが、御顔を見ることはなかった（創世一五17参照）。

ところが神の国が到来すると、私たちは神と顔を相合わせて見ることになる。これをパウロは啓示を受けて、次のように語った。「全き者（キリスト）が来る時には、部分的なものはすたれる。……わたしたちは、今は、（金属製の磨きが不十分な）鏡に映して見るようにおぼろげに見ている。しかしその時には、顔と顔を合わせて、見るであろう」（Iコリント一三10、12）。

現代においては、神は見えない神であり、神を見た者はまだ誰一人としていない。だが、神の国が来ると、御国の住民はパウロが預言したように、顔と顔を合わせて相見るようになる。神とキリストの顔を見ながら礼拝するようになる。

神の顔を直接見て、主と親密な交わりをするとは、どんな感動を持って会合することになるのであろうか。今から胸が高鳴る思いがする。

患難できよめられた聖徒たち

白は聖潔を象徴するが、天の御国には白い衣を身にまとった多くの聖徒がいる。彼らはどのようにしてきよめられたのか。それは、耐え難いほどの患難を通ることによってである。

安穏や快楽からは、私たちの霊魂がきよめられることはない。試みと表現される厳しい鍛錬を通してのみ、私たちはキリストの似姿に近づき得る。「たましいの父は、わたしたちの益のため、そのきよさにあずからせるために、そう（訓練）されるのである。……それによって鍛えられる者に、平安な義の実を結ばせるようになる」（ヘブル一二10〜11）と、ヘブル人への手紙の著者は書いた。

神の御座の周りにいた長老のひとりは、天の御国にいる人々を指して、ヨハネに次のように問うた。「この白い衣を身にまとっている人々は、だれか。また、どこから来たのか」（黙示録七13）。この質問に答えられなかったヨハネに対し、この長老は、次のように教えてくれた。「彼らは大きな患難をとおってきた人たちであって、その衣を小羊の血で洗い、それを白くしたのである」（同七14）。

このように、白い衣を着た天にいる聖徒たちは、この地上での生活で、信仰を堅く保ったがゆえに、殉教や迫害などの大苦難を受けた人々である。彼らは主に守られ導かれて耐え、患難を通り抜けることができた。彼らはこの労苦と真実な信仰によってきよめられ、今は天の御国の住民となっている。

この聖徒たちには、御国で大いなる報いが与えられている。それが、御国の富財を相続する者としての身分と特権である。

患難に耐え、神の前に忠実に生き、真摯で敬虔な信仰を堅守した人々には、神の実《じつ》の子としての認定と取り扱いが待っている。「わたしは彼の神となり、彼はわたしの子となる」（同二一7）とあるとおりである。これはパウロが、次のように示しを受けて書いたことの実現である。すなわち、「御霊みずから、わたしたちの霊と共に、わたしたちが神の子であることをあかしして下さる。もし子であれば、相続人でもある。神の相続人であって、キリストと栄光を共にするために苦難をも共にしている以上、キリストと共同の相続人なのである」（ローマ八16〜17）。

天父の子となった御国の人々はすべて、神の国の豊かな富を相続する嫡子としての権利が与えられ、天の富財を管理する者とされている。

天国での礼拝と賛美

天の御国ではどんなことをするのだろうか。神の国の住民になっている人々は、毎日どのような生活をしているのだろうか。その主要な事柄は四つあって、①礼拝と、②賛美と、③奉仕と、④交わりである。これらの一つひとつを順次見ていくことにしよう。

まずは①礼拝についてであるが、天の御国の人々は、かつて地上にあった労苦や災禍から全く解放されていて、今は平安と充実の日々の中にある。主イエス・キリストが救いを完成させてくださり、今は、天の父が恵みを注いでくださっているからである。このような待遇を与えてくださった神と御子に対し、人々は、喜びのうちに感謝と賛美の礼拝を献げる。

彼らは声高らかに言う。ヨハネは天の大群衆が大声で唱えるその声を聞いた。「ハレルヤ、救いと栄光と力とは、われらの神のものであり……」（黙示録一九1）。そして、二十四人の長老が、御座にいます主のみまえにひれ伏して、世々限りなく生きておられる方を拝み、「われらの主なる神よ、あなたこそは、栄光とほまれと力を受けるにふさわしいかた。あなたは万物を造られました。御旨によって、万物は存在し、また造られたのであります」(同四10～11)。このように神を称えながら礼拝する。

次に②賛美であるが、御国での特徴の大きなことの一つは、そこは賛美に満ちていると
いうことである。天国では賛美がいつも盛んに歌われ、主を称える賛美の声があちらにも
こちらにも常にある。彼らは次のように奨励されているからだけではなく、互いに励まし
合うために賛美するのである。

「すべての神の僕《しもべ》たちよ、神をおそれる者たちよ。小さき者も大いなる者も、共に、
われらの神をさんびせよ」(同一九5)。

彼らは、心の底から自《おの》ずと称えざるを得ないほどに歓喜に満ち溢《あふ》れて、賛美する。「ハ
レルヤ、全能者にして主なるわれらの神は、王なる支配者であられる。わたしたちは喜び
楽しみ、神をあがめまつろう」(同一九6～7)。

地上における現在の私たちも、賛美することは楽しい。また、賛美を聞くことにも喜び
を感じる。聖日礼拝において、あるいは集会やコンサートにおいて、神を称え賛美するこ
とは大好きだし、自分で歌い、あるいは賛美を聞くことは、生きるための活力をもらうし、
また元気付けられる。それでは御国においてはどんな賛美が唱和されているのであろうか。
その模範となるような賛美が黙示録に、次のように書いてある。私たちもこの賛美に倣っ

て、聖い声をもって献げるようにしたい。

天の父に向かっては、「聖なるかな、聖なるかな、聖なるかな、全能者にして主なる神。昔いまし、今いまし、やがてきたる者」（同四8）と賛美し、救い主キリストに対しては、「ほふられた小羊こそは、力と、富と、知恵と、勢いと、ほまれと、栄光と、さんびを受けるにふさわしい」（同五12）と称える。そして、神と御子に向かっては、「御座にいますかたと小羊とに、さんびと、ほまれと、栄光と、権力とが、世々限りなくあるように」（同五13）と歌い上げる。

天国での働き

続いて、天の御国で行われる四つのことの三つ目である③奉仕について確認してみよう。天国においては、何かのために勤労しなければならない、ということはない。神が養っていてくださるし、永遠の命が与えられていて、将来を心配して蓄える必要もない。したがって、御国の住民は、活発に活動はするが、それは自分が神の国で生きていることの充実さを味わうためのものである。一つひとつの行動は、労働のためではなく、恵みへの感謝を表す活動である。だからその働きは「奉仕」と表現できるものである。

御国では、「諸国民は都の光の中を歩き、地の王たちは、自分たちの（活動の結果の）光栄をそこに携えて来る」（黙示録二一24）し、「人々は（それぞれの国の特徴ある）諸国民の光栄とほまれとをそこに携えて来る」（同二一26）とあるように、天国の住民は活発に活動している。その活動することのおもな事柄は二つある。一つは(a)神と人とに仕えることである。もう一つは(b)御国を支配することである。この二つのことによって、「彼らは、神の御座の前におり、昼も夜も（都全体が神殿である）その聖所で神に仕えている」（同七15）。

神と人とに仕えること(a)も、自分の内から湧き上ってくる自発的な愛によるものである。その奉仕の内容や方法は、彼ら一人ひとりが持つ特技や趣味のような、各自得意とするところのことをもってであり、全く無理なく自分のできる範囲のことをする。この奉仕を精一杯、快活にすることによって、充実した喜びを得ている。

その奉仕の種類は、かつて地上にあった時に、モーセに憧れる管理者だった人は、企画力や組織力をもって、ベザレルやアホリアブのように諸種の工作に長じている人（出エジプト三五30〜35参照）は、自らの腕に蓄えた技術力をもって、コラの子孫（歴代下二〇19）やベートヴェンのように音楽に長《た》けている人は旋律の調べをもって、奉仕する。ダビデのように指導力や詩作力のある者は、より豊かにする知識をもって、ソロモンのように右に出る人が誰一人いないほどの知恵ある人は、その知恵をもって采配し、ミレーやルーベンスのように画才に優れた人は、豊かな色彩感覚をもって奉仕する。ミケランジェロやロダンのような人は彫刻造形力によって、ルソーやペスタロッチのような教育者は人物指導力をもって、ダンテや三浦綾子のような著作家は文才表現力をもって仕える。天国の住民は、自分の最も得意とする、授けられた各自のタラントをもって働き、神に献げる（マタイ二五20参照）。「わが民の命は、木の命のようになり、わが選んだ者は、その手のわざをながく楽しむ」（イザヤ六五22）のである。

もう一つの奉仕であるところの(b)「彼らは世々限りなく支配する」（黙示録二二5）ことについてであるが、この支配は、地上にあった専横の支配とは似ても似つかぬ、神の秩序を保ち、これを行き渡らせるための統治である。御国を支配する彼らは、「生めよ、ふえよ、地に満ちよ、地を従わせよ」（創世一28）と命ぜられた神の御旨を汲んで、すべてのものがそれぞれの最大能力を発揮できるように、秩序をもって平安のうちに治める。

その統治を進める行動基準は、神の御心である。すなわち、神が望まれる御意志に沿うように、主の聖と愛と慈しみに満ちた揺るぎない神の義が実現するように統治する。

これらの奉仕と統治によって、神の国の住民をはじめ、天にある被造物のすべてが、自らの積極的な活動によって、充実した幸いを受け続けることになる。

御国での交わり

礼拝、賛美、奉仕に次ぐ、天国でする四つ目の④交わりについて見てみよう。この交わりにも二種類の交わりがある。一つは(a)神との交わりである。もう一つは(b)キリストと共なる愛餐の交わりである。

神との交わり(a)によって、人々は神からの永遠の命をいただく。また、神が示される聖と義と愛の崇高な模範によって、キリストの内に満ちみちた徳に到達する（エペソ四13参照）ように教導され、全き人となる人物としての成長を促される。

このために天の父は、次のように言って人々を招かれ、そして聖霊によって導かれる。

「かわいている者には、いのちの水の泉から価なしに飲ませよう。勝利を得る者は、これらのものを受け継ぐであろう。わたしは彼の神となり、彼はわたしの子となる」（黙示録二一6～7）。

「かわいている者はここに来るがよい。いのちの水がほしい者は、価なしにそれを受けるがよい」（同二二17）。

二つ目の交わり(b)は、キリストと共なる愛餐の交わりである。この地上の教会においても愛餐会が持たれ、そこでは集った多くの人同士が和気藹々《わきあいあい》に交わる。そして打ち解けた会話や証詞やクイズなどがなされ、楽しい時を過ごす。天で持たれる愛餐会は、この地上で持たれるそれとは比べものにならないほどの規模と盛り上がりのものであって、歓喜・感嘆に満ちた楽しい交わりの饗宴である。

御使いがヨハネに告げたように、「書きしるせ。小羊（キリスト）の婚宴に招かれた者は、さいわいである」（同一九9）。御国で持たれる愛餐会には、多くの人たちが招かれて集ってくる。「それから人々が、東から西から、また南から北からきて、神の国で宴会の席につく」（ルカ一三29）。「多くの人が東から西からきて、天国で、アブラハム、イサク、ヤコブと共に宴会の席につく」（マタイ八11）とあるとおりである。

しかも、その愛餐会では、もったいなくも主イエス・キリストご自身が立って、私たちに給仕をしてくださるとも書いてある。「よく言っておく。主人（再臨のキリスト）が帯をしめて僕《しもべ》たちを食卓につかせ、進み寄って給仕をしてくれるであろう」（ルカ一二37）。これは、主イエスご自身が自らの口唇をもって語られた言葉であるが、楽しくも恐れ多いことである。

御言葉加減の厳禁

「聖書は誤りのない神の言葉である」として、聖書信仰を堅く信奉し、聖書を信仰と生活の規範として生きる福音派のキリスト者にとっては、次の御言葉は大変重要である。

「この書の預言の言葉を聞くすべての人々に対して、わたしは警告する。もしこれに書き加える者があれば、神はその人に、この書に書かれている災害を加えられる。また、もしこの預言の書の言葉をとり除く者があれば、神はその人の受くべき分を、この書に書かれているいのちの木と聖なる都から、とり除かれる」（黙示録二二18～19）。

この御言葉の主旨は、黙示録著者の長老ヨハネが、啓示を受けて初めて語った言葉ではない。旧約聖書の初めの部分を占める五書に、律法を代表するモーセが、天から示しを受けて、次のように記した言葉でもある。

「わたしがあなたがたに命じる言葉に付け加えてはならない。また減らしてはならない。わたしが命じるあなたがたの神、主の命令を守ることのできるためである」（申命四2）。

「あなたがたはわたしが命じるこのすべての事を守って行わなければならない。これにつけ加えてはならない。また減らしてはならない」（同一二32）。

ここで命じられていること、すなわち聖書が述べる、神が啓示して人類に与えてくださった神の言葉は、聖書の底流に一貫して流れる神のご意志なのだから、これに人間が勝手に何かを付け加えることも減じることもしてはならない、との戒命である。この戒命を堅守することは、最重要なことである。

ところが、この神の言葉に加えたり減じたりして、神の言葉を捻曲《ねじま》げようとする輩《やから》がいる。万人救済説（普遍救済説）を唱えたり、霊魂絶滅説などを主張して惑わす神学者や信仰者たちである。彼らの前者は、「地獄へ落とされる者も、どこかで悔い改めて救いを受けることになり、永遠に極苦を受けることはない」と言う。後者は、「ゲヘナへ送られた者でも永久に苦しみに会い続けることはなく、苦しみから解放されるために、いずれ霊魂は絶滅してなくなってしまうのだ」と言い張る。神の審きによっていつまでも極苦を受けるなんて、残酷で残忍で、神の愛に反する、というのが彼らの言い分である。

彼らに間違っていることがいくつかある。

①まず最初に、神の審きは神の怒りから出たものであって、彼らは、神は愛であると

いう面だけを見て、神は義でもあるということを見落としている。

②次に、地獄へ断罪によって落とされるということは、長年月にわたって警告済みのことで、ここに至るまでに神はどれほど忍耐を続けて神に帰ることを待たれたことかしれない。地獄行きは神の一方的な強制によるものではない。各自が自分で選んだ道であり、自分の意志と考えで決定したことである。

③三番目としては、彼らが主張するようなことは、聖書のどこにも書かれていない。御言葉には付け加えてはならないし、減じてもならない、と戒められていることに反している。関係しているかもしれない御言葉を引用してきて、曲解したり拡大解釈している。次のペテロの戒めに従うべきである。「聖書の預言はすべて、自分勝手に解釈すべきでないことを、まず第一に知るべきである」（Ⅱペテロ一20）。

イエス・キリストは、羊と山羊《やぎ》を分ける譬《たとえ》（マタイ二五31〜46）の最後で、耳のあるものはよく聞きなさいとして、「そして彼らは永遠の刑罰を受け、正しい者は永遠の生命に入る」（同二五46）と言われた。これ以上のことは何も言っておられない。また黙示録にも、「そこには、獣もにせ預言者もいて、彼らは世々限りなく日夜、苦しめられるのである」（黙示録二〇10）と書かれているのであり、彼らはいずれの時にか苦しみから解放される、などということは寸分たりとも証言されていない。

自分の推測や願望を加えて、聖書の言葉に、「付け加えてはならないし、減らしてもならない」（申命一二32）、もし追加したり削除するような者があれば、「いのちの木と聖なる都から、とり除かれる」（黙示録二二19）と明記されている。聖書に書かれていること以外のことを信じるなら、その者はキリスト教を信じているのではなく、他の宗教の信奉者ということになる。

聖書に書かれていることは、否定も消去もしてはならないのであり、御言葉に加えても減らしてもならないことは、キリスト教正統信仰の大原則である。聖書に書いていないことで論争しなければならなくなった場合には、深入りせずにそこを離れるか、あるいは、その判定・結論は神に委ねる、というのが良識あるキリスト者の最善の態度であろう。

（上記叙述内容をもう少し詳しく知りたい方は、拙著『死と神の国』［イーグレープ、二〇〇六年］、五三二～五三七頁を参照してください。）

第二部

補遺――新約各書から教えられること

この聖書教養シリーズの既刊Ⅰ～Ⅳで書き残したエッセーを、追記して著します。

単純率直に生きる

私は、日々ウオーキングをしている五キロメートルの道々で、途中で出会う、用水路の鯉や亀には、「今日も、元気でな」と声を掛け、青空を滑空し雄然と飛翔する白鷺《しらさぎ》や青鷺には、「気持ちよく、羽ばたいて行けよ」と励まし、群れをなして跳ねたり飛んだりしている雀たちには、「心配しなくていいよ。今日も皆で仲良くな」と思いを投げかける。目を楽しませてくれる路端のたんぽぽやチューリップ、コスモスや、日影を作ってくれる樹々の葉っぱには、「今日もありがとう」と感謝を表す。

かつての現役時代の私には、日常の山積しているいろいろな課題や問題に追われて、とてもこのように周囲の自然の中で繰り広げられている一つひとつのことに目を向ける心のゆとりはなかった。しかし、今はできる。できるようになったのは、彼ら鳥花にも彼らなりの尊い命が与えられ、神に養われ守られ、精一杯生きるように導かれていることに思いが至るようになったからである。私もその中の一存在であり、同じ仲間であることを喜んでいられるからである。

主イエスは言われた、「空の鳥を見るがよい。まくことも、刈ることもせず、倉に取りいれることもしない。それだのに、あなたがたの天の父は彼らを養っていて下さる」（マタイ六26）と。またこうも言われた、「栄華をきわめた時のソロモンでさえ、この花の一つほどにも着飾ってはいなかった。きょうは生《は》えていて、あすは炉に投げ入れられる野の草でさえ、神はこのように装って下さるのなら、あなたがたに、それ以上よくしてくださらないはずがあろうか」（同六29〜30）。このような神に、自分が愛されていることを知っており、信頼して、自分の生活も人生も全面的に委ねることができるようにされた者は、右記のように、大自然に対して、また生けるものすべてに対して、これを寛く受け入れ、優しくなれる。刻々と進む時空の中に自分も溶け込み、仲間意識さえ持って、仲良くして親しくなれる。

このような心境に達した者の生活は、単純簡明であり、シンプルであり、率直である。辺りには目もくれず、一本の道を、ただ目的地を目指して軽快に邁進していくようなものである。なぜなら、世のあれやこれやの事柄にいちいち煩わされることなく、複雑に考えて心配することもなく、主と共に歩みつつ質実平明に生きて、心穏やかにして、常に精神が晴れ渡っているからである。何の欲もなく、ただ主に仕えることだけを生き甲斐として、日々歩めるからである。

私たちは、自分がどの時代の、どの国の、どんな場所に生まれ落ちるかは選べない。私たちの両親や兄妹や家族は、自分の好みのようには選べない。どの職業に就き、どの職場で働くかは、基本的には一つであって、他のことは同時にはできない。神は私たちを、それぞれにとって最善のところに置いてくださっている。そして、そこで精一杯生きて、生を終わらせるようにと、定めておられる。野の草花も樹木も、植えられた所で育つ。鯉も亀も、白鷺も雀も、置かれた場所で精一杯に生きて、生を終えていく。私たちが自分の植えられた所を嫌がって、そこで根を張ることを拒否すれば、育つことなく、枯れて滅んでいくしかない。

私たちは、私たちをそれぞれの所へ置いてくださった神のみこころに従って、神に結びついて生きようとするならば、あとは神が責任を持って心配してくださり、神のいのちを注いで、立派な実を結ぶようにしてくださる。私たちは野の花や鳥以上のものである。人間としての人格と尊厳を与えられたものである。そうであるから、「(神は)あなたがたに、それ以上よくしてくださらないはずがあろうか」(同六30)、と主は言われる。

「信仰の薄い者」(同六30)になるのではなく、私たちの生活も人生も細部にわたって心配してくださり、養い導いてくださる主を、全面的に信頼して、自分に課された使命と奉仕に、思う存分に心身を集中して時間と精力を用い、自分を「生きた、聖なる供え物としてささげ」（ローマ一二1）、安心して、主を目指してひたすら平安のうちに生活を続けていきたい。

何度赦すべきか

ペテロは主イエスに、「兄弟を何度赦さねばなりませんか」と問うた。「(仏の顔も三度までという諺《ことわざ》もあるくらいなので、人間の限度を超えた) 七度までですか」と問いを重ねた。そのイエスの答えは、「七を七十倍するまでにしなさい」であった (マタイ一八21〜22参照)。完全数を重ねた「七たびを七十倍するまで」赦すということは、無限に、無制限に赦しなさいということである。

私たちは、人から不正や不当な取り扱いを受けて、怒りや憎しみが自分の内に生じるということが、ままあるものである。そんな時に、それでも「敵を赦し、愛しなさい」(マタイ五44参照) と戒められているので、七回までは赦そうと決心したとしよう。それで、一回、二回、三回と赦しを重ねた場合、赦しは深まるだろうか。七回目には完全に赦して、怒り憎しみはなくなっているだろうか。

そういうことはない。一回、二回、三回と赦しを重ねるごとに、憎しみはむしろ深まり、重なって、ますます怒りが強まるのではなかろうか。

赦しは数えるべきではない。数える赦しは赦しではない。無限に赦すのであるならば、回数を数えることに意味はなく、無駄である。本当に赦す心があるならば、赦す回数を決して数えないことである。一度であっても数えないことである。回数を数えずに赦すときにのみ、自分は怒りから解放されて、本当の自由を自分に得られるようになる。

赦すことの秘訣は、主に委ねることである。自分で裁き、自分で赦すのではなく、経過と結果のすべてを主に委ねることである。自分で赦そうとするから赦せなくなる。私たちには、人を裁く権限は与えられていない。人を裁き、報復をするのは神である。神ご自身が判定して報いを下される。いや、むしろ私たちとしては、人を裁く前に、悪を重ねる自分こそが無限に赦しを与えられていることに思いを致し、感謝すべきである。

人を赦すことにおいて、次の御言葉を再確認しておく必要がある。

「自分で復讐をしないで、むしろ、神の怒りに任せなさい。なぜなら、『主が言われる。復讐はわたしのすることである。わたし自身が報復する』と書いてあるからである。むしろ、『もしあなたの敵が飢えるなら、彼に食わせ、かわくなら、彼に飲ませなさい。そうすることによって、あなたは彼の頭に燃えさかる炭火を積むことになるのである』」（ローマ一二19～20）。

この御言葉に従い、裁くことはすべて神に委ね、私たちは赦すことに徹して、悪に負けないで、かえって、善をもって悪に勝つようにしていきたい（同一二21参照）。

主イエスも、次のように私たちを戒め、祈るように教えられた。「我らに罪をおかす者を　我らがゆるすごとく、我らの罪をもゆるしたまえ」（一八八〇年訳「主の祈り」、マタイ六12）。

自らの罪深さを省みて、隣り人に対して限度を設けることなく、赦し続ける。これこそが、キリスト者としての正しい歩み方である。

信じることによって成していただく

主イエスがエリコの町に近づかれた際、道端に座って物乞いをしていた盲人が、イエスから「わたしに何をしてほしいのか」と問われた時に、この盲人が答えて求めた（ルカ一八35、41参照）。それと同じように、私たちは乞い求めることができるであろうか。すなわち、「主よ、見えるようになることです」（同一八41）、と乞うことである。

ここで言いたいことは、「罪で覆い隠されて見えなくなっている心の目が、赦《ゆる》され開かれて、真理が見えるようになること、それを主イエスに求める」ということではない。このことは、ここに記述されている事件での重要な教示であることに間違いはない。しかし、私は、これとは別のことを言いたい。それは、「常識的にはどう考えても、盲人の目を開いて見えるようにするというような不可能なことを、できると心底信じて、本心から乞い求める」ということ。これができているか、ということである。

人は、自分にもできると思うことは、主イエスに「そのようにしてください」と乞い求める。だが、自分では、あるいは人間には、それはとても不可能なことであると想像できることは、主イエスにも求めようとしない。だから不可能と思えることが可能にならない。

この盲人は、神の子イエスであるならばできる、それは可能であると信じたから、「目を開けて見えるようにしてください」と乞うた。その結果は、誰もが不可能と推察できることが可能となった。

主イエスは私たちに問われる、「わたしに何をしてほしいのか」（同一八41）と。この盲人は、可能か不可能かなどということは、自分の中で詮索せず、直ちに反応して求めた。「主よ、見えるようになることです」（同一八41）。そこで主イエスは、「見えるようになれ」と言われた。「すると彼は、たちまち見えるようになった」（同一八42～43）。見えるようになったその原因として、主イエスは、「あなたの信仰があなたを救った」（同一八42）と言われた。

この盲人が見えるようになったのは、「主イエスでさえ、これほどのことは無理で、不可能であろう」と理性で判断したのではなく、「人には不可能であっても、この主イエス・キリストであるならば可能である」と信じたからであった。そのような信仰によって乞うたからであった。

私たちは、ともすると、神の全能を自分の常識内に制限して、可能なことさえ不可能にしている。神の全能を引き出し、神の全能が働いていただけるようにする秘訣は、神が全能であることを信じることである。そう信じて、望むことを神に委ね、神に従うことである。そうしたならば、主イエスは「見えるようになれ」と言われ、盲人は「たちまち見えるようになる」ものである。そして主イエスは付け加えて私たちに言われるであろう、「あなたの信仰が（困難で不可能とさえ思われていたことから）あなたを救った」と。

私たちは、自分にとって可能であるようなことであるならば、何も神に乞い願う必要はない。自分でそれを行えばよい。自分にとってそれは不可能なことであると思える事案であるからこそ、神に求めるのである。私たちにとって不可能と思えるようなことでも、もし私たちが神に「そうしてくださるように」と願うならば、全能の神は、その信仰に応えて成就し、実現してくださる（ヨハネ一四13〜14参照）。私たちにとって必要で大切なことは信仰であって、常識ではない。

極悪人の心変わりのわけ

主イエスと共に十字架にかけられた二人の犯罪人の一方は、主イエスを罵《ののし》り、「キリスト（救い主）というなら、まず自分を救い、それから我々を救ってみよ」（ルカ二三39参照）と悪口を言い続けた。ところがもう一方の犯罪人は、「我々の報いは当然だ」（同二三41参照）と自分の罪を認め、主イエスに向かって「御国の権威をもっておいでになる時には、わたしを思い出してください」（同二三42）と懇願した。

この後者の心変わりはどうしてなのだろうか、何があったのだろうか、との問いに、この聖書教養シリーズⅠの三一頁に、いくつかの推察を書き記した。すなわち、

①かつてのイエスの説教を聞いていた？

②イエスの奇蹟を見たことがある？

③隣の十字架上のイエスの言動に神々しさを見た？

④十字架の下に、マリヤと同じように祈る自分の母を見た？

死の間際におけるこの犯罪人の認罪と救いへの願望の心変わりは、なぜなのかを、右記③にも関連して、もう少し深く、ホーリネス（聖潔）信仰らしく、霊的に解釈してみたい。

十字架上の三人の状況は、今にも息を引き取って死を迎える危機の時であり、十字架という恥辱と極苦に耐えねばならない、惨殺の渦中にある極限状態の三人である。

犯罪人であるからとは言え、十字架刑に処せられるというのであるから、この二人の犯罪人は、よほどの極悪非道なことを長年にわたって繰り返してきたのであろう。ところが、この二人の極悪人は、イエスを間にして全く異った反応を示し、違った態度を展開している。一方は「自分自身と俺を救え」（ルカ二三39参照）と罵り続け、もう一方は、「応報だ。この方は何も悪いことをしていない」（同二三41参照）と諌《いさ》めている。

後者の犯罪人は、つけられた十字架上で、何かによって変わった。今までは一度たりとも神を神として崇めることなどせず、人に対しても傍若無人に振る舞い、残虐無比な害悪を、心痛むこともなく人々に加え続けてきた。ところが今、ここに来て、「自分のやった報いを受けているのだから当然だ」（同二三41参照）と罪を認めるようになっており、「神を恐れないのか」（同二三40）と、神の臨在に接している。彼は神の前に、わずかばかりではあっても、自分が犯してきた罪を悔いている。

このように別人のように変わった彼は、十字架上で何を見、何を聞いたのであろうか。それはすぐ隣の十字架上にいるイエスを見て、天の神へ導かれ、そのイエスに神を見たのである。この犯罪人は、誰よりも身近でイエスの祈りを聞いた。その言葉は今も強烈に耳に残っている。

この方は「父よ」(ルカ二三34)と呼び掛けている。神に対して「父よ」と声を上げている。彼もイエスが呼び掛けている同じ方向に目をやった。彼はそこに父と言われる神の臨在を見た。彼は忘れていた神に再び触れ、神を畏れるべきであるとの意識に押し戻された。しかも、神に対して「父よ」と呼び掛けるこの方は、いったい何者なのだろう。神を父と呼ぶのだから神の子なのか。いや、確かに天の神を父とする神の子でなければ、「父よ」などとはとても呼び掛けられるものではない。

それに続くイエスの祈りでは、「彼らをおゆるしください。彼らは何をしているのか、わからずにいるのです」(同二三34)と、執り成しの祈りをしている。こんな祈りを瀕死の極苦の中にあって、人間の誰が懇願できるだろうか。こんな内容の祈願ができるのは人間ではない。神しかできない。しかもその祈りには、自分のことはさて置き、自分を惨殺しようとしている人々に対して、「分からずにしていることですから」と、これ以上ない寛容を示し、人々への神の赦しを請うている。そして、圧倒されるほどの深く大きい愛が包含された祈りをしている。

この赦しと願いには、極悪を続けてきた自分も入れてもらえるのだろうか。

この主イエスの執り成しの祈りに、この犯罪人の目は開かれた。そして霊をもって天の父、神に近づくことができた。イエスに、罪なき小羊としてのキリスト（救い主）を見たのであった。

だからこそ彼は、「イエスよ、あなたが御国の権威をもっておいでになる時には、わたしを思い出してください」（同二三42）との願いが、不可能かもしれないが一縷《いちる》の望みをもって、うめくように絞り出すようにして、遜《へりくだ》って口から漏れ出た。

その結果は、「あなたはきょう、わたしと一緒にパラダイスにいる」（同二三43）との応えであった。

この犯罪人とイエスの会話から示されることは、どんな場合にも、救いはイエスから来るのであり、外《ほか》から来るのではないということである。そして救いは、キリストから発せられる言葉によって私たちの心が触発され、キリストが語られる神の言葉から救いは来るということである。私たちがどんな状況に置かれていようとも、神の子イエス・キリストが私たちの側《そば》に来て、私たちを救いに導いてくださる。

イエス・キリスト以外の何かに救いを求めても、神の恵み溢《あふ》れる豊かな救いに与《あずか》ることはできない。だが、イエス・キリストが共にあってくださるならば、私たちが死の間際にあろうとも、またたとえ極苦の中にあろうとも、神は御手を差し延べてくださり、救いの平安の中に入れて、そこを楽園にしてくださる。

井戸からは汲まない

サマリヤのスカルという町の井戸端で、主イエスから「水を飲ませてください」と乞われた女は、「主よ、あなたは、くむ物をお持ちにならず、その上、井戸は深いのです」（ヨハネ四11）と応えた。

この女性は、知ってか知らずか、真理を言い当てている。乞うている相手イエスの井戸は深い。いや、この女性が知っている深さよりも、はるかにイエスの井戸は「深いのです」。その深さの井戸からの水を汲む容器を人は持っていない。持っている主イエスから与えられるしかない。

常識と理性でもって答える人間は、神の子イエスに対して、「でも主よ、井戸はあまりにも深いのです。問題は大きく、困難なものです。あなたはそれを知らないのですね。深すぎて、この井戸から解決策や良きアイデアを汲み出すことはできないのですよ」と応答する。その結果、イエスから何も得られないで終わってしまう。

しかし、信じて委ね、従うという応答をする者には、人の想像が及びもしないような、はるかに深い神の知恵をもって、主イエスは、神の解決策や企画・計画を示してくださる。

人は深遠な思想や解決案を、深い井戸から自分の容器で汲み上げようとする。しかし、主イエスは、神の知恵による方策を、人知の井戸から汲み上げようとはなさらない。天からの啓示としての上からの神の知恵を得て、それを私たちに示してくださる。だから、人の思いもよらぬ卓越した方策を教示してくださり、それに従う者には、目を見張るような結果が準備されている。

この女性のように、人の小賢《こざか》しい知恵や知識によって、神の働きを制限してはならない。決して拒絶してはならない。神は全能である。この神の全能への信仰を堅く持っている者へは、神は全能を現してくださる。しかし、神の全能への絶対的な信頼のない者へは、神はご自身の全能を開示することを控えられる。

自分に対する神の御業が乏しいとするならば、その原因は神の側にあるのではない。自分の側にある。人間の側の信頼し委ねるという信仰の乏しさにある。世の中で何かをしようとするならば、その事業が大きければ大きいほど、深い井戸から自分で水を汲もうとしてはならない。人の側で努力すべきことは、主に委ね、主を見上げ、主に信頼して主に従うことである。

これは、世にあって働き人として主と仕事を為してきた者の、人生経験での結論である。

キリストを人格的に愛する

イエス・キリストの言葉を尊び、キリストの御言葉を愛している、という程度では、まだまだ主イエスを愛しているとは言えない。重要なことは、キリストの発する神の言葉を尊重し、その言葉に従って生きることだけではなく、キリストその方《かた》を愛することである。キリストの教示や知恵などの御言葉を有難く重要視して生きることは大切である。しかし、もっと大切なことは、イエス・キリストを、神としてそして人として、親密な愛で結ばれた、人格的に愛することである。

ペテロは復活の主イエスから、ガリラヤ湖のほとりで、三度「わたしを愛するか」（ヨハネ二一15〜17参照）と問われて、心を痛め、三度目に主イエスを人格的に愛している自分自身に気付いた。ペテロは主イエスから人格的に愛することを求められて、人格的に愛している自分があることを発見し、感謝して信仰を深められた。

一度目に「わたしを愛するか」（同二一15）と問われたペテロは、自分が「あなたのためなら、獄にでも死でも一緒に行きます」（ルカ二二33参照）と、人間的な威勢をかって啖《たん》呵《か》を切った自分であったが、それができなかった自分を主イエスがご覧になって、「わたしを愛するか」と問われたのかもしれないと考え、「主よ、そうです。わたしはあなたを愛しています」（ヨハネ二一15参照）と答えた。

二度目は、重ねて「わたしを愛するか」（同二一16）と問われて、主イエスが捕らえられてカヤパの官邸で裁判を受けている時に、三度も「あの人を知らない、関係ない」（マタイ二六69〜74参照）と言い張ったことを思い出して、主イエスは問われたのかもしれないと考え、ペテロは「わたしがあなたを愛することは、あなたがご存じです」（同二一16）と言った。

三度目に主イエスから繰り返して同じように「わたしを愛するか」（同二一17）と問われて、ペテロは心を痛め（同二一17）、はっと気付き覚醒して、自分は一度目や二度目の「愛しています」と答えたような愛し方ではなく、イエスを心から人格的に愛しているのだと知った。主イエスの偉大な行状や神的真理を含んだ数々の言葉に驚嘆し、愛着を覚えて、主イエスを尊敬し憧れる、というような愛し方をするのではなく、主イエスの中へ自分が飛び込んで、内住のキリストを人格的に愛していることを確認させられて、ペテロは安心し、殉教さえ辞さない信仰に固められた。

そのような愛を持ったペテロに対して、主イエスはペテロに本格的な使命を託された。

「わたしの羊を養いなさい」（同二一17）。そしてその使命を完遂するために、「こう話してから、『わたしに従ってきなさい』と（イエスはペテロに）言われた」（同二一19）。

キリスト教の教えを尊んでいる程度の信仰の状態では、とても神のご意志に仕えることはできない。主イエスと共に生きようとするクリスチャンであるならば、自分が主イエスの内にあり、主イエスが自分の内にあるというような、相互内住して、御子キリストそのものを人格的に一対一で愛するまでの関係になっていないとできない。

「生よりも死」にある価値

人が生き続けるよりも、死をもって証詞したほうが、神の栄光を現すことがある。イエス・キリストがそうであったように、殉教したステパノもまたそうである。ステパノは、彼が生きながらえて天寿を全うするよりも、殉教という死をもって、なお多くの尊い働きを世界に残した。

彼の殉教を契機として、エルサレムには大迫害が起こり、初期教会のクリスチャンたちは、家族共々各地へ逃げざるをえず、国外を含む各地方へ散らされていった（使徒八1参照）。離散していって住み着いた彼らは、その地でよき知らせである福音を語り伝えた。その結果、救われる者が多数起こり、その地に次々と教会が誕生していくことになった。異邦人伝道の中心拠点を担ったシリヤのアンテオケ教会も、その過程で誕生した教会の一つである。

ステパノの殉教による神の栄光の現れであり、彼の死がもたらした大きな成果として数え上げられることは、何といってもサウロ（後のパウロ）の悔い改めを導く口火となったことである。ステパノの石打ち刑を執行する役人たちの上着を預かって見ていた若きサウロ（同七58）は、自分の今までのパリサイ人としての熱心な学修と行動は、本当にこれで良かったのか、正しいことなのかと、ステパノの殉教する姿の言動を見て光が射し込まれた。その後パウロは、キリスト者迫害のために息をはずませてダマスコへ向かう途上で、復活のイエスに出会うことになり（同九5～6）、そこで今後の新しい使命を申し渡された。この時を転換点としてパウロは、当時の全世界へキリスト教を宣教し、根付かせる使徒となっていった。

ステパノの殉教は、キリスト者であることの証人として、どう生きるべきかの一つの模範を示した。それだけでなく、地の果てにまで福音を宣べ伝える契機を生み出し、クリスチャンたちに、たとえ殉教があろうとも、伝道に努めるようにとの激励を与えることになった。加えて、大宣教者になっていくパウロの霊魂を目覚めさせ、キリスト教の教理的土台を築く一翼を担わせることになった。

主イエスが言われた次の御言葉は、ステパノにおいて真実である。すなわち、「一粒の麦が地に落ちて死ななければ、それはただ一粒のままである。しかし、もし死んだなら、豊かに実を結ぶようになる」（ヨハネ一二24）、そしてその結果として、「（この世に生きながらえようとして）自分の（生）命を愛する者はそれを失い、この世で自分の命を憎む（惜しいと思わない）者は、それを保って（行くゆくは）永遠の命に至る（ことになる）」（同一二25）。

私たちは、生きようが死のうが、どちらであろうとも、それは主のためでありたい（ピリピ一20〜21参照）。

神の声を聞く

　神が私たちを何に召し出そうとされるかは、私たちの各自の向き不向き、好き嫌い、得意か不得意かに関係がない。神が私たちをそれぞれの使命に召し出そうとされるとき、そこで神がお使いになろうとする私たちの能力は、私たちの意向に関係なく、神が私たちの内に授けられた各種の能力から、神が選んで使用される。

　その場合に重要な私たちの態度は、神が私たちのどのような能力を、どのように使おうとされているか、それを神の選択と使用法にお任せすることである。下手に自分の希望や判断を入れないことである。なぜなら、神が神の栄光を現すために用いようとされている私たちの能力は、私たち各自が知っているよりも、与えた神のほうがより正確で確実にご存じだからである。神は私たちの能力を、私たちを超えて、神の知恵によって有効に使おうとされているからである。自分の資質や適性は、私たち自身よりも、よほど確実に天父のほうがよく知っておられる。

　生まれながらの私たち、まだ神と深い関係を持っていない私たちというのは、自分の声しか聞こえていない。自分の声が自分にとって最も正確であると確信している。自分の希望、自分への期待、自分による自己分析といった、自分が自分に発する声のほうが最も確実で重要であると信じている。しかし、必ずしもそうではないことを、人生のどこかで覚醒される必要がある。自分の声ではない、自分への神の声というものがあることを覚知すべきである。自分が自分に死んでしまい、自分の声が絶望のあまり聞こえなくなるという危機を迎えない限り、神の声も、自分への神の召命の声も、決して聞こえてこない。

人が自分に死に、自分を放棄して、自分の人生のいっさいを神に委ねるという状況に入り込むまでは、神の声は聞こえてこない。しかし、ある大きな危機に遭遇して、自分の無力を心底自覚し、自分を神に委ねるしかないと、神の御前に出た時に、神の声が明確に聞こえてくる。

神は言われる。「わたしはだれをつかわそうか。だれがわれわれ（三位一体の神）のために行くだろうか」（イザヤ六8）。自分の声が聞こえなくなって、このような神の声が聞こえるようになった者は、間違いなく次のように答える。「（あなたのために、その目的と使命のために）ここにわたしがおります。わたしをおつかわしください」（同六8）。この答えをする時には、自分の能力だの現在の状況だの、自分の将来の先行きだのは、全く見えなくなり考えなくなる。心配する意識さえなくなる。神を全面的に信頼しているからである。

このような応答をもって、神に自分自身を奉献した者は、かつての自分とは全く根底から変えられた別人となっている。神の能力と威力を与えられた者となっている。神はそのような人を用いて、その人を超えた、神の業《わざ》がなされるように導き、神の栄光を現していく者にされる。

モーセは、エジプトの王子でいる間は、自分の声だけしか聞こえなかった。ミデアンの地へ追いやられて、四十年間の孤独な牧羊生活をし、自分の無力と神の大自然に働かれる栄光の力とを知らされた後に、神の声が聞こえるようになった。ヨブも、財産をことごとく取り上げられ、自分が全身腫物で苦しんで、神に訴えている間は、自分の声しか聞こえなかった。神の全能を知らされ、自分の無知に気が付かされた時に、神の声が聞こえるようになり、神を見ることさえできるようになった。ギデオンは、襲撃してくるミデアン人などの周辺の種族を恐れて、酒ぶねなどの穴に隠れて農作業をしていた間は、自分の声しか聞こえなかった。「主があなたと共にいて、大勇士にした」との御使いの声を聞き、戦術を含めた神の声に従うようになって、一農夫の弱者が、イスラエル民族を救う勝利者となった。

若きサウロも、今までは自分の声しか聞こえていなかった。ところが、キリスト者を迫害して投獄するためにダマスコへ向かっている途上で、「サウロ、サウロ、なぜわたしを迫害するのか……町にはいって行きなさい。そうすれば、……あなたのなすべき事が告げられる」（使徒九4、6）との声を聞いて、そのとおりにした。その結果、サウロ自身、想像だにしていなかった、キリストを宣べ伝える大使徒となり、世界の歴史に名を残す者となった。そして、数十億人のいのちを救う大パウロになった。

私たちの誰もが、いつまでも自分の声だけしか聞こえていない者ではなく、かえって、自分の声が聞こえなくなって、神の声だけが明確に聞こえる者になっていきたい。

義人と善人を超えて

最近の世相においては、義人だとか善人という言葉があまり日常、耳目に触れなくなった。我儘《わがまま》や自分勝手とか、人を騙《だま》して盗み取る詐欺などの事件は、日々目にし耳にして悲しみを誘い、胸くそ悪くする。これに対して、義人とか善人というのは称讃されるべき生き方であって、決して嫌悪されたり貶《けな》されたりするような存在ではない。ところがローマ人への手紙五章には、この義人と善人がそれぞれ区別して書かれている。すなわち、次のようにである。

「正しい人のために死ぬ者は、ほとんどいないであろう。善人のためには、進んで死ぬ者もあるいはいるであろう」（ローマ五7）。

それでは義人と善人はどこがどのように違うのであろうか。義人とは「正しい人」のことで、昔で言えば、律法を遵守しながら生活する真面目な人であり、現代で言えば、倫理道徳から少しも外れない、真摯に前向きに生きる、人の行動の鏡になるような模範的な人のことである。一方、善人とは、「情け深い人」のことで、隣人に対して温かい愛と善意の深い理解をもって接する人のことである。善人は、前記の義人の正しさに加えて、人としての温かさ、すなわち寛容、慈愛、柔和をも合わせ持って行動する人である。

パウロは、この義人と善人について、次のように言っているわけである。「その人が義人（正しい人）だからといって、その人の代わりに進んで自分が死にましょう、と歩み出てくる人は、まずいないであろう。これに対し、善人が難儀に遭っている場合には、その人の善を受けた者が、自分が身代わりになって死ぬことにしましょうと進んで出てくる者が、もしかするといるかもしれない。」

私たちは、義人であることに努めることは重要である。だが、さらにその上の善人であることを目指して信仰生活を続けていくべきであろう。しかし、まだこの善人の段階だけで終わってしまっていたのでは十分とはいえない。イエス・キリストはどうであったかを、パウロは義人や善人と比較して、それらを超えて私たちを愛してくださったことを、次のように記している。「しかし、（私たちが義人や善人であるどころか）まだ罪人であった時に、わたしたちのためにキリストが死んで下さったことによって、神はわたしたちに対する愛を示されたのである」（同五8）。

私たちキリスト者の成長には、義人や善人を超えて、アガペーの愛に染まった人物に成熟することが求められている。これが倫理を超えた信仰というものであろう。

自分を献げて本物になる

死ぬことを目的として、自分の命を献げたところで、神にとっては何の価値もない。生物的生命を神に献げることは、神は望まれていないし、そんなことをしても神にとっては、自殺行為にも等しく、むしろ悲しまれる無駄なことである。死を目的としてではなく手段として用いる時に、そこに価値があり、神が喜ばれることである。すなわち、自分を無にし、自分のいっさいを神に献げる、という意味での、自分の我執に死ぬことである。

アブラハムがひとり子の愛息イサクを献げよと命じられた（創世二二2参照）ことは、所有したり愛着している大事なものを全て捨てよ、と言われたのではない。それらとの関係をいっさい断って、絶対服従する信仰を持って、神と一対一の関係に入ることを求められたのである。

神以外に私たちが愛着するものを持っているならば、その状態は、神とそのものとの二つに心が向かっている「二心の者」（ヤコブ一8）である。神は第一に神を愛し、心を尽くし思いを尽くして、愛することを求められる（マタイ二二37〜38参照）。ふた心の者であったならば、何年信仰生活を続けても、どれだけ修養を重ね、キリスト教を探究しても、いつまでたっても生涯にわたって、神と一対一の親密な関係の真実な信仰には入れない。だから、神はアブラハムにイサクを献げよと言われたし、パウロは、「自分をキリストと共に十字架につけよ」と強く諭した（ガラテヤ二20、五24、六14参照）。

イエスの死を自分の死として一体化させ、自分の身辺にまとわり付く、この世の何もかもを手放したときにのみ、神と共にある生き方ができるようになる。自分に死にきれず、神とこの世との二つのものに二股かけて足を置く「ふた心の者」であったのでは、一生涯、真実な信仰を持つことはできない。

「あなたがたのなすべき霊的な礼拝」として、「あなたがたのからだを、神に喜ばれる、生きた、聖なる供え物としてささげなさい」（ローマ一二1）と、パウロは勧めている。この「生きた、聖なる供え物」として自分を献げることが、キリストと共に自分を十字架につけることである。

私たちがこの世のものへのいっさいの執着から離れて、一心になって自分を完全に主に献げるようになったときにのみ、神は、私たちに託したいっさいの能力を、余すところなく使うことがおできになる。私たちがふた心の者である間は、全能の神といえども、私たちに付与したタラントを使おうとはされない。

従順であることの代価の覚悟

私たちが神に従おうとすると、どうしてもその影響を他の人々も受ける。私たちが従順に徹底的に神に従おうとすればするほど、他の人々の受ける影響も大きい。なぜであろうか。神がお持ちの私たちへの計画と、他の人々が持っている計画とは相反し、異なるからである。私たちが神のお持ちのご計画に従おうとすればするほど、他の人々の計画が崩され、阻害されるからである。

分かりやすくするために、その具体例を先に申し上げよう。私の勤務していた会社で、創業現社長が、私を次期社長の候補として構想を練って検討を進めていた時のことである。経営に専念するために、キリスト教信仰と教会奉仕生活を適当にし、むしろそこから離れて、酒を飲み、清濁合わせ飲む生き方に切り換えるよう、私に求めてきた。私は、そこまで自分を貶《おとし》めて最高職を得るよりも、清純な道を行く一人のキリストの僕《しもべ》でありたいとの選択を採った。

神がお持ちの計画である栄光を現すための生き方を私が固く守って、要求を受け入れなかった私によって、現社長の計画と期待・希望は弊《つい》えた。その結果は、私の取締役部長としてのいっさいの職責と権限は取り上げられ、北向きの電算機室に入れられ、暗い寂しい生活を送る境遇へと追いやられた。

信仰を保持しようとするために世から来る困難を、回避する方法はある。世の要求に妥協すればよいのである。しかし、そうしたならば、自分という人間が死ぬことになる。真の自由を奪われ、世の欲の奴隷に成り下がることになる。神に背くか従うかは、私たちの選択に任されている。神に背けば迫害からは逃れられ、強要からは解放される。高額な報酬が約束され、世の称賛さえ得られることになる。しかしその代償は、自分のいのちを失い、天界には死ぬことになる。世が与える名誉・地位・財産は得られるけれども、本来の自分を売り渡し、人間としての真の自由を失い、人として人格を持った尊厳を奪い取られることになる。

神への従順をこの世で貫こうとする決意には、もう一つの覚悟が必要である。すなわち、神に従うことの代償として、人々から嘲笑や迫害を甘んじて受けるという覚悟である。「いったい、キリスト・イエスにあって信心深く生きようとする者は、みな、迫害を受ける」（Ⅱテモテ三12）とある。これを甘受する忍耐がどうしても必要である。

私はすべてを主に委ねて、暗黒の中に耐え、解決を待った。その結果は、八か月後に、迫害を受ける前よりも、もっと重く広範な職責を担わされることになった。

もし、私たちの霊的生活に行き詰まるところがあるとするならば、その原因は、自分の目の前に発生した問題を自分の力で解決していこうとし、いろいろな方策を練り、自分で手を下そうとするからである。霊的生活の光明への解決は、人間がすべきことではない。信頼して委ねた時に、神がなしてくださることである。神は全体的で総合的な、私たちへのご計画を持っておられる。これを信頼し、これにお任せして待つことが、困難を打開する最善にして唯一の道である。

神は、神に従う者には、全面的に最後まで責任を持ってくださる。神に従順に従う者には、神が必ず神の栄光をその人の上に現してくださる。「あなたがたの会った試練で、世の常でないものはない。神は真実である。あなたがたを耐えられないような試練に会わせることはないばかりか、試練と同時に、それに耐えられるように、のがれの道も備えて下さる」（Ⅰコリント一〇13）し、「神は、神を愛する者たち、すなわち、ご計画に従って召された者たちと共に働いて、万事を益となるようにして下さる」（ローマ八28）ものである。

御言葉を忠実に読む

「そこで、私は、最も優れた道をあなたがたに示しましょう」（Ｉコリント一二31、聖書協会共同訳）と前置きして、ある牧師は、「愛は忍耐強い、愛は情け深い。妬まない。愛は自慢せず、高ぶらない。……」（同一三4、同）と、ひとしきり愛とはどういうものであるかを、聖日礼拝の講壇から語った。そして「愛は決して滅びません」（同一三8、同）と強調した後に、そのしめくくりとして、「最も大いなるものは、信仰と、希望と、愛、この三つです。その中でもいつまでも残るものは、愛です」と語った。

このメッセージで、どこか間違っているところがあるのだが、どこであるかお分かりだろうか。それは最後の言句である。自信をもって声高らかに語ったメッセージのはずなのに、間違ったことを聴衆に伝えてしまっている。正しくは、「信仰と、希望と、愛、この三つは、いつまでも残ります。その中で最も大いなるものは、愛です」（同一三13、同）である。すなわち、「御国へ行ってもなお永遠に残るものが三つあって、それは信仰と希望と愛である。そしてこの三つの中でも最も大いなるものは愛である」が正しい。「信仰要素の中で最後まで残るのは三つあって、その中でも、最も大いなるものは愛である」というのが正しいのに、「三つの中で最後まで残るものは愛である」と伝えてしまっているところに間違いがある。

聖書は、そして御言葉は、よく読まずに、自分の思い込みで読んでしまうと、経験豊かで知識の深い教職者であってさえ、間違った読み方をしてしまうことがある。その結果、聴衆を外れた信仰に導いてしまう。

御言葉は、細心の注意を払い、先入観を取り除いて、忠実に、かつ聖霊に導かれ、教えられるごとくに敬意を払いつつ、読み取っていきたい。

時を生かして用いる

エペソ書で「今の時を生かして用いなさい」（エペソ五16）と勧めているのはパウロである。ここで勧告されている「生かすべき時」というものは、パウロに言われるまでもなく、貴重である。それは、何かを為すべき時期なのであるかもしれない。「時」を賢明に用いるか、それとも愚劣に用いるかによって、しようと計画している事柄の成否は決定される。

時は貴重である。「時」には、チャンスが顔をちらつかせているかもしれない。今がその事をする最適の時機なのかもしれない。今それをすれば最高の結果を得られるかもしれない。今の時を逃したら、同じようなチャンスが来るかどうかは保証されない。もしかすると一生の間に、もう二度と同じようなチャンスは来ないかもしれない。

時は貴重なものである。現在すべきことを今して終わらせておかないと、次の瞬間には、次にせねばならないことが来ている。今すべきことを現在に残しておくと、しなかったことが積み上がって、問題が山積みになる。今の時を有効に使って成果に結びつけるか、それとも何もしないで時を無駄に過ごすか、その積み重ねが、生涯に得る収穫に大きな差異を生じさせる。

今の時が、どのような時なのか。それを、賢明な判断によって見極め、適切に活用するかしないかで、その人の人物の軽重が決まる。時の用い方で、その人の人生が充実した中味の濃いものになるのか、それとも軽薄で空しいものになるのかの結果が決まる。

旧約の知恵者が、「時」の判断とその活用がいかに重要であるかということを、次の文言で警鐘を鳴らしてくれている。

「すべてのわざには時がある。
生るるに時があり、死ぬるに時があり、
植えるに時があり、植えたものを抜くに時があり、……
泣くに時があり、笑うに時があり、……
保つに時があり、捨てるに時があり、……
黙るに時があり、語るに時があり、……
戦うに時があり、和らぐに時がある」(伝道三1〜8)。

今の時は何をすべき時なのか。それを適切に判断し、今来ている「時」を十分に生かして、充実した人生を築いていけるように活用したい。

夫婦が一心同体となる奥義

家庭生活での夫婦がどんな関係にあるべきなのかについて、エペソ書の五章では、かなり詳しく具体的に示している。例えば、「夫たる者よ。キリストが教会を愛してそのためにご自身をささげられたように、妻を愛しなさい」（エペソ五25）とか、「妻たる者よ。主に仕えるように自分の夫に仕えなさい」（同五22）。また、「夫も自分の妻を、自分のからだのように愛さねばならない」（同五28）とか、「あなたがたは、それぞれ、自分の妻を自分自身のように愛しなさい。妻もまた夫を敬いなさい」（同五33）などのようにである。このように勧告しているのは、神から啓示を受けた使徒パウロである。

夫婦が互いにそれぞれ、愛し合い、仕え合うべきであると教えられている。その根本基盤として、神が人を男と女に創造されたときに示された御言葉が、次のように引用されている。「（夫も妻も）わたしたちは、キリスト（をかしらとした助け合い協力し合う一つのからだなのであり、夫や妻はそれぞれがそ）のからだの肢体（の一部）なのである。『それゆえに、人は父母を離れてその妻と結ばれ、ふたりの者は一体となるべきである』」（同五30～31）。引用されているこの創世記二章24節の御言葉は、主イエス・キリストによっても、結婚に関する基本原理として何度か引き合いに出して教えられている（マタイ一九5、マルコ一〇7～8等参照）。

聖書注解では、この勧めまでで終わるのが一般的であるのだが、はたと目を留めさせられる言及が、パウロによって追加されている。それが、「この奥義は大きい。それは、キリストと教会とをさしている」（エペソ五32）との解説である。この追加されている言葉でパウロは何を言っているのだろうか。キリストと教会の関係は、父母を離れ妻と結ばれ一体となることと同じことなのだ。ここに一つの奥義が隠されている、と言っているわけであるが、これをどう解釈したらよいのであろうか。

パウロの言う二つの事柄の結び付きは、次のように読むと理解できる。すなわち、「われわれも教会もキリストのからだの一部であり、『人』（キリスト）は、（再臨時に）その『父と母』（天父の右の座）を『離れ』、『妻（教会）と結ばれ』、『ふたり』（夫と妻、すなわち降臨のキリストと地上の教会）は『一（心同）体となる』のである」。結婚に関する奥義には、このような奥義も含まれていると、パウロは言っているわけである。

このように理解すると、結婚に関する神の規律の御言葉（同五30～31）が、キリストと教会の関係に、適切に符合してくる。

薫陶し訓戒する

私にとって、エペソ書六章4節にある「薫陶」と「訓戒」がどういうもので、どのような違いがあるのか、長年にわたって解決されるべき懸案事項の一つであった。聖書には、次のように戒告されている。「父たる者よ。子供をおこらせないで、主の薫陶と訓戒とによって、彼らを育てなさい」(エペソ六4)。この二語について、いのちのことば社発行の『新聖書注解 新約2』の小畑進師の解説の力を借りて、少し解明してみたい。(『ティンデル聖書注解 エペソ人への手紙』一九〇頁の解説も参考になる。)

それによると、薫陶はギリシヤ語でパイデイア、訓戒はヌーセシアであって、前者は行動による訓育であり、後者は言葉によっての訓練であるとのことである。

薫陶は、指導する親の行為・行動によって、子が外れてしている事や発言を矯正したり、言って聞かせて指導しても受け入れず、直そうとしない場合には、懲らしめを与える、このような訓育方法をもって導くことである。

薫陶が目指すところは、

①好ましからざる自己欲求や強い願望を、神が望まれるような内容に抑制する自制力

を身に付けさせること。
②人々や社会に役立つ人間に成長するように修業することを勧め、励ますこと。
③間違ったことをしてしまったり、迷惑をかけるような悪戯《いたずら》をしてしまった場合には、正直に告白して、素直に赦罪を求めること。

などである。

訓戒は、口で言って励ましたり、忠告をし助言を与えて善導したり、悪さをした場合には強い言葉で叱責したりして、子を教育・指導することである。

薫陶も訓戒も、子が一人前の人間になるように訓練・訓育することであるから、適切でよく当てはまる我が国の言葉がある。すなわち「躾《しつけ》」である。薫陶は親の行動によるところの躾であり、訓戒は言葉をもっての子への躾である。

厳しく躾《しつ》けるにしても、子の教育は神から親に委ね託された事柄であるのだから、親としての権限を振り回すようなことをしてはならない。子を薫陶・訓戒する場合には、子が素直に受け入れられるように、嫌《いや》な思いをさせてはならない。そのためには、訓練・訓育する親のほうが、横暴にならず、思い上がることもなく、神の御前にあって子を教育していくべきである。右掲のエペソ書六章４節の御言葉のとおりである。そのポイントは「主にあって」である。

より良い薫陶・訓戒をするためには、子を教育する前に、親のほうがまず品格を整えられ、深い愛の人に訓練されていることが重要であろう。

神を愛するゆえに人に仕える

「人を愛するために、人々に何かをする」ということよりも、「神を愛するがゆえに、人々に仕え愛する」といったことのほうが、する行為に確実性がある。この確実性があるということは、行為することに手抜きがなく、濃厚で丁寧にできるということである。それだけでなく、この愛する行為を長期にわたって続けることができる。

人を愛するために人々に何かをしようとすると、どうしても人々から何かの反応を受けることを期待する。人々から感謝されたいとか、人間的に高評価を受けたいとか、物財的な報酬があって当然である、というような期待を抱く。ところが、神を愛し、神に喜んでいただくために人々を愛し、人々に奉仕し、人々のために働く、ということをする場合には、人々からの何らかの反応をいっさい期待しない。人々からの評価や報酬を求めることをしない。

神への愛を動機として人々に仕える場合には、神からの報いを期待したとしても、人々へその対価としての反応があることを求めない。だから、自分がどんなに一生懸命に熱心にして差し上げたとしても、それに対して人々が無反応であったり、逆に、恩知らずのような仕返しをしてくるようなことがあったとしても、落胆することも怒りを覚えるようなこともない。さらに人々に仕え続けることができる。

これに関連して、パウロは次のように勧める、「何をするにも、人に対してではなく、主に対してするように、心から働きなさい。あなたがたが知っているとおり、あなたがたは御国をつぐことを、報いとして主から受けるであろう。あなたがたは、主キリストに仕えているのである」（コロサイ三23～24）と。

真に充実した働きをするためには、自分が主からその職場に仕えるために遣わされていると確信することが大切である（エペソ六6参照）。そして、現実には人々に仕えていようとも、主に仕えているようにして働き、行動すること（同六5参照）は、仕事に喜びと生き甲斐を見いだして働くための秘訣である。

右のことを十分に知って、人々に仕える人は、パウロと共に、次のように言うことができる。

「私は、あなたがたのたましいのために、大いに喜んで財を費やし、自分自身を使い尽くしましょう」（Ⅱコリント一二15、新改訳２０１７）。

時が良くても悪くても始める

「御言《みことば》を宣べ伝えなさい。時が良くても悪くても」（Ⅱテモテ四2）とある。この良くても悪くてもの「時」とは、そのことをする条件が揃い、整っている時でも、そうでなくても、と言っていることに間違いはないが、もっと重要なことを言っている。それは外部の条件についてではなく、自分の内部の心の状態についてである。

そのことをやる気が出てきたらやろうとか、気分が乗ったら始めよう、などと言っていたら、伝道することは勿論《もちろん》のこと、どんなことであっても、いつまで経っても行動を起すことはできない。現在の自分の気分や気構えに関係なく、いつでもどんな場合でも、その事を実行していくとの決意を持っていなかったら、どんな事も始めることも続けることもできない。やる気や気分が良かろうと悪かろうと、自分の心の状態に関係なく、そのことをするのだ、との決心なくしては、どんなこともそれに取り掛かることはできない。

自分のやる気や気分に影響されず、また自分の状態や外界の状況に左右されずに、どんな状況や場合でも、そのことに手を付け、やり続けていくための、一つの方法がある。それは、そのことをする使命に燃えていることが前提条件となる。そして、日常の自分において、実行することを自分に問わずに、主に聞くことである。開始も続行も神に委ねることである。自分に聞かずに神に問い、自分に頼ることを止め、神に委ねることである。

その具体的な方法は、朝目覚めたら、「今日も、あなたから力をいただいて、あなたの御前を、あなたに生かされている者らしく、歩ませてください」と祈り、「今日、すべきと、あなたから命じられていることを、確実堅実に為していくことができるように導いてください」と委ねることである。この祈りを朝の最初にして、その日の歩みを始めるならば、神からの精気と聖霊の助力をいただいて、今日成し終えるべき働きを神に献げて、その日を終えることができる。そしてその後に、安らかな眠りが与えられる。

このような祈りと委ねを一日の初めにして、日々を過ごしていくならば、何事であろうとも、時が良くても悪くても敢行していくことができる。

あとがき

私も眼が疲れるようになって、長時間文字に触れることができなくなり、体力や判断力が落ちてくる年齢を迎えるようになりました。いつ主がお迎えに来てくださるのだろうかと期待を持つほどです。それでも、この「聖書教養エッセー」第五巻目である「黙示録編」までは、何とか書き上げて完成させたい、との願いから筆を進めました。

本エッセーを著す途上で、私自身がどんな様相をした神の国に迎え入れていただけるのだろうかと、それを知ることを楽しみつつ、黙示録の解明に取り組み、その結果をこの随筆にしてみました。

聖書によると、神の国の到来前には、終末事象の大患難があり、そして主イエス・キリストの地上再臨があるとのことです。いつ再臨があってもいいように準備を整え、心を引き締めて日々過ごしていきたいと願っています。

どんな逆境や困難の中にあっても、現在の自分の足元の状況に捕らわれることなく、常に希望に輝く未来に目をやる。そして周囲の環境や人々には何も期待も要求もしない。ただ約束してくださる主にのみ、夢と将来を託し、忠実に自分の力を尽くして日々仕えていく。このように信頼して明るく生きていく人々には、主は必ず祝福を与えてくださるに違いありません。

心身共にこの世で健康な生活を続けるための条件が、三つあると言われています。①純粋で清らかな心を持ち続ける、②高邁な目標を指し示してくれて、そこへ導いてくれるところの、優れた思念を抱き、これを決して離さない、③生きている限り、絶えず神と人とに対して、愛を基底とした有益な活動をし続ける、この三つです。私も、この世で心と体の健康を保ち、そして最後に自分の一生を終わらせるために、①〜③に倣っていこうと願っています。その活動の一環として、本エッセーは出てきたものの一部です。

本書の編集、印刷、発行には、いのちのことば社の、特に編集者の山口暁生氏をはじめ、多くの方々のご労をいただき、巷間に出ることができました。心からお礼申し上げます。

最後まで本書に目を通してくださった読者の皆様に、深く感謝申し上げます。本書が少しでも皆様に喜びを提供できたならば、著者としては本望です。豊かな祝福が主からありますように、お祈り申し上げます。

二〇二四年五月　久喜の自宅書斎にて

中島總一郎

《著者略歴》

1943 年	東京都江東区に生まれる
65 年	日本ホーリネス教団立川教会で洗礼を受ける
66 年	芝浦工業大学　電子工学科卒業
	(株) 芝浦電子製作所　入社
78 年	一級生産士取得
83 ～ 84 年	日本ホーリネス教団　上野教会責任役員
84 ～ 85 年	JIS 電子回路部品用語専門委員
	久喜キリスト教会開拓委員会　委員長
95 ～ 96 年	電子材料国際整合化委員
	IEC (電気電子世界標準規格) 60539
	サーミスタ規格の改正日本提案代表 (独・ドレスデン)
96 ～ 97 年	(株) 岩手芝浦電子　代表取締役社長
97 ～ 98 年	(株) 上海芝浦電子　總経理 (取締役社長)
99 年	ISO9001 品質システム審査員補資格取得
2006 年	お茶の水聖書学院　聖書本科卒業
08 ～ 11 年	日本ホーリネス教団　信徒代議員
06 ～ 14 年	お茶の水聖書学院　講師、評議員、参与、理事
08 ～ 14 年	イーグレープ聖書人生塾　講師
10 ～ 17 年	お茶の水聖書学院　研究コース　コーディネータ
11 年～	日本ホーリネス教団　上野教会員
15 年～	いのちのことば社　常任監事、理事

《著書》

『天命に立つ　～聖書の知慧に学ぶ』
(日本ホーリネス教団　久喜キリスト教会　宣教出版委員会)
『知慧に生きる　～救い完成と苦難克服』
『聖潔の探究　～ホーリネス到達と信仰完成』
『愛の完全　～神的愛と結婚愛』(以上、日本ホーリネス教団　出版局)
『満たされた生涯　～幼年・青年から壮士・快老へ』(日本ホーリネス教団　東宣社)
『死と神の国　～人生の最終到達目標』
『クリスチャン人生　瞑想録　～祝福生涯の秘訣』
『快老をいく　～御国を目指して　付：死への備え』
『図解　キリスト教信仰の基礎知識』
『図解　聖書理解の基本』
『聖書と一般が示す生と死　～より良く生きてより良く死ぬために』
(以上、イーグレープ)
『幸福と成功の秘訣Ⅰ　～聖書が教えるリーダーの心得
《指導者・企業トップ・経営編》』
『幸福と成功の秘訣Ⅱ　～聖書が教える人生の極意《生き方編》』
『幸福と成功の秘訣Ⅲ　～聖書が教える人物確立の道《品格修養・充実人生編》』
『幸福と成功の秘訣Ⅳ　～聖書が教える生活への指針《仕事・実生活編》』
『聖書教養エッセー１　そうか、なるほど《福音書、パウロ書簡前半編》』
『聖書教養エッセー２　そうか、なるほどⅡ《旧約、パウロ書簡後半編》』
『聖書教養エッセー３　そうか、なるほどⅢ《ヘブル書、ヤコブ書編》』
『聖書教養エッセー４　そうか、なるほどⅣ《ペテロ・ヨハネ・ユダ書簡編》』
(以上、いのちのことば社)
共著『やさしいセンサー技術』(工業調査会)

引用聖句は一般財団法人日本聖書協会発行　口語訳を使用

聖書教養エッセー5　**そうか、なるほどV**

《黙示録編》

2024年6月25日　発行

著　者　中島 總一郎

〒346-0032　埼玉県久喜市久喜新1187-20

TEL・FAX　0480-22-9529

印刷製本　日本ハイコム株式会社

発　売　いのちのことば社

〒164-0001 東京都中野区中野2-1-5

電話 03-5341-6924（編集）

03-5341-6920（営業）

FAX03-5341-6921

e-mail:support@wlpm.or.jp

http://www.wlpm.or.jp/

新刊情報はこちら

ISBN 978-4-264-04502-1